制度、名物与史事沿革系列

商业史话

A Brief History of Commerce in China

吴 慧 / 著

社会科学文献出版社
SOCIAL SCIENCES ACADEMIC PRESS (CHINA)

图书在版编目（CIP）数据

商业史话/吴慧著 .—北京：社会科学文献出版社，2011.12（2014.8 重印）
（中国史话）
ISBN 978-7-5097-2829-1

Ⅰ.①商… Ⅱ.①吴… Ⅲ.①商业史–中国 Ⅳ.①F729

中国版本图书馆 CIP 数据核字（2011）第 222349 号

"十二五"国家重点出版规划项目

中国史话·制度、名物与史事沿革系列
商业史话

著　　者／吴　慧

出 版 人／谢寿光
出 版 者／社会科学文献出版社
地　　址／北京市西城区北三环中路甲29号院3号楼华龙大厦
邮政编码／100029

责任部门／人文分社（010）59367215
电子信箱／renwen@ssap.cn
责任编辑／赵子光
责任校对／赵晶华
责任印制／岳　阳
经　　销／社会科学文献出版社市场营销中心
　　　　　（010）59367081　59367089
读者服务／读者服务中心（010）59367028

印　　装／北京画中画印刷有限公司
开　　本／889mm×1194mm　1/32　印张／7.625
版　　次／2011年12月第1版　字数／150千字
印　　次／2014年8月第2次印刷
书　　号／ISBN 978-7-5097-2829-1
定　　价／15.00元

本书如有破损、缺页、装订错误，请与本社读者服务中心联系更换
版权所有　翻印必究

《中国史话》
编辑委员会

主　　任　陈奎元

副 主 任　武　寅

委　　员　(以姓氏笔画为序)
　　　　　卜宪群　王　巍　刘庆柱
　　　　　步　平　张顺洪　张海鹏
　　　　　陈祖武　陈高华　林甘泉
　　　　　耿云志　廖学盛

总　序

　　中国是一个有着悠久文化历史的古老国度，从传说中的三皇五帝到中华人民共和国的建立，生活在这片土地上的人们从来都没有停止过探寻、创造的脚步。长沙马王堆出土的轻若烟雾、薄如蝉翼的素纱衣向世人昭示着古人在丝绸纺织、制作方面所达到的高度；敦煌莫高窟近五百个洞窟中的两千多尊彩塑雕像和大量的彩绘壁画又向世人显示了古人在雕塑和绘画方面所取得的成绩；还有青铜器、唐三彩、园林建筑、宫殿建筑，以及书法、诗歌、茶道、中医等物质与非物质文化遗产，它们无不向世人展示了中华五千年文化的灿烂与辉煌，展示了中国这一古老国度的魅力与绚烂。这是一份宝贵的遗产，值得我们每一位炎黄子孙珍视。

　　历史不会永远眷顾任何一个民族或一个国家，当世界进入近代之时，曾经一千多年雄踞世界发展高峰的古老中国，从巅峰跌落。1840年鸦片战争的炮声打破了清帝国"天朝上国"的迷梦，从此中国沦为被列强宰割的羔羊。一个个不平等条约的签订，不仅使中国大量的白银外流，更使中国的领土一步步被列强侵占，国库亏空，民不聊生。东方古国曾经拥有的辉煌，也随着西方列强坚船利炮的轰击而烟消云散，中国一步步堕入了半殖民地的深渊。不甘屈服的中国人民也由此开始了救国救民、富国图强的抗争之路。从洋务运动到维新变法，从太平天国到辛亥革命，从五四运动到中国共产党领导的新民主主义革命，中国人民屡败屡战，终于认识到了"只有社会主义才能救中国，只有社会主义才能发展中国"这一道理。中国共产党领导中国人民推倒三座大山，建立了新中国，从此饱受屈辱与蹂躏的中国人民站起来了。古老的中国焕发出新的生机与活力，摆脱了任人宰割与欺侮的历史，屹立于世界民族之林。每一位中华儿女应当了解中华民族数千年的文明史，也应当牢记鸦片战争以来一百多年民族屈辱的历史。

当我们步入全球化大潮的 21 世纪，信息技术革命迅猛发展，地区之间的交流壁垒被互联网之类的新兴交流工具所打破，世界的多元性展示在世人面前。世界上任何一个区域都不可避免地存在着两种以上文化的交汇与碰撞，但不可否认的是，近些年来，随着市场经济的大潮，西方文化扑面而来，有些人唯西方为时尚，把民族的传统丢在一边。大批年轻人甚至比西方人还热衷于圣诞节、情人节与洋快餐，对我国各民族的重大节日以及中国历史的基本知识却茫然无知，这是中华民族实现复兴大业中的重大忧患。

中国之所以为中国，中华民族之所以历数千年而不分离，根基就在于五千年来一脉相传的中华文明。如果丢弃了千百年来一脉相承的文化，任凭外来文化随意浸染，很难设想13亿中国人到哪里去寻找民族向心力和凝聚力。在推进社会主义现代化、实现民族复兴的伟大事业中，大力弘扬优秀的中华民族文化和民族精神，弘扬中华文化的爱国主义传统和民族自尊意识，在建设中国特色社会主义的进程中，构建具有中国特色的文化价值体系，光大中华民族的优秀传统文化是一件任重而道远的事业。

当前，我国进入了经济体制深刻变革、社会结构深刻变动、利益格局深刻调整、思想观念深刻变化的新的历史时期。面对新的历史任务和来自各方的新挑战，全党和全国人民都需要学习和把握社会主义核心价值体系，进一步形成全社会共同的理想信念和道德规范，打牢全党全国各族人民团结奋斗的思想道德基础，形成全民族奋发向上的精神力量，这是我们建设社会主义和谐社会的思想保证。中国社会科学院作为国家社会科学研究的机构，有责任为此作出贡献。我们在编写出版《中华文明史话》与《百年中国史话》的基础上，组织院内外各研究领域的专家，融合近年来的最新研究，编辑出版大型历史知识系列丛书——《中国史话》，其目的就在于为广大人民群众尤其是青少年提供一套较为完整、准确地介绍中国历史和传统文化的普及类系列丛书，从而使生活在信息时代的人们尤其是青少年能够了解自己祖先的历史，在东西南北文化的交流中由知己到知彼，善于取人之长补己之短,在中国与世界各国愈来愈深的文化交融中,保持自己的本色与特色,将中华民族自强不息、厚德载物的精神永远发扬下去。

《中国史话》系列丛书首批计200种,每种10万字左右,主要从政治、经济、文化、军事、哲学、艺术、科技、饮食、服饰、交通、建筑等各个方面介绍了从古至今数千年来中华文明发展和变迁的历史。这些历史不仅展现了中华五千年文化的辉煌,展现了先民的智慧与创造精神,而且展现了中国人民的不屈与抗争精神。我们衷心地希望这套普及历史知识的丛书对广大人民群众进一步了解中华民族的优秀文化传统,增强民族自尊心和自豪感发挥应有的作用,鼓舞广大人民群众特别是新一代的劳动者和建设者在建设中国特色社会主义的道路上不断阔步前进,为我们祖国美好的未来贡献更大的力量。

陈奎元

2011年4月

⊙吴慧

作者小传

　　吴慧，男，字天汉，1926年生，江苏吴江人，汉族，中国社会科学院经济研究所研究员，为享有政府特殊津贴的专家，中国共产党党员，曾任中国商业史学会会长。多年来勤于著述，出版专著大小不下二十种。在商业史方面的代表作如：《桑弘羊研究》、《中国古代商业史》、《中国商业政策史》、《中国盐法史》、《中国的酒类专卖》、《中国古代六大理财家》、《商业史话》等。为商业史学会主编了《平准学刊》、《货殖学刊》。尤为重要的是受商业部的委托，组织力量，主编了《中国商业通史》（五卷本），三百几十万字，荣获孙冶方经济科学奖。

目 录

一 虞舜贩盐，夏禹调粮 …………………… 1

  1. 物物交换的发生 ………………………… 1

  2. 善于经商的舜 …………………………… 2

  3. 夏代交换活动 …………………………… 4

二 商族·商朝·商人·商业 ……………… 7

  1. 商族的兴起 ……………………………… 7

  2. 商朝的建立和交换的发展 ……………… 8

  3. 商人名称的由来 ………………………… 11

三 周公东伐，昭王南征，穆王西游，

    厉王北奔 …………………………………… 13

  1. 西周初商业和市场的管理制度 ………… 13

  2. 西周中期统治者对铜、玉的搜求 ……… 16

  3. 西周后期社会经济的变化和新兴

    工商业主的抬头 ………………………… 18

四 管仲——春秋时代商人出身的齐国大政治家 …………………………… 20
1. 管仲在齐国的改革 …………………………… 20
2. 管仲的"官山海"政策和"轻重"之道 …… 22
3. 管仲的"四民分业"论 …………………… 25
4. 管仲后的齐国商业 ………………………… 25

五 端木生涯,陶朱事业 ……………………………… 27
1. "工商食官"制度崩溃的原因 …………… 27
2. 子贡:士人经商的典型 …………………… 29
3. 去官经商的范蠡 …………………………… 30
4. "计然之策"经商的理论和原则 ………… 31

六 李悝的平籴法,白圭的经商术 …………………… 34
1. 李悝的平籴法 ……………………………… 35
2. 白圭的经商术 ……………………………… 37
3. 李悝、白圭思想的渊源和影响 …………… 40

七 商鞅在秦变法中的重农抑商政策 ………………… 41
1. 诸侯卑秦,求贤图强 ……………………… 41
2. 商鞅变法,抑商重农 ……………………… 42
3. 抑商政策的主要内容 ……………………… 44
4. 抑商政策的意义和影响 …………………… 45

八　文景的经济放任，汉武的经济干预 …………… 48
　1. "无为"政治下富商大贾势力的膨胀 ………… 48
　2. 汉武帝任用桑弘羊推行新的财经政策 ………… 50
　3. 盐铁专卖是新财经政策的核心 ………………… 51
　4. 创行均输、平准和酒类专卖 …………………… 52
　5. 桑弘羊思想的继承、创新和影响 ……………… 55

九　张骞通西域与丝绸之路 ……………………………… 57
　1. 通西域的由来 …………………………………… 57
　2. 双重使命的西行使者 …………………………… 59
　3. 丝绸之路的开辟 ………………………………… 61

十　霍光集团：两汉官僚、地主、商人
　　三位一体的始作俑者 ……………………………… 64
　1. 盐铁会议后霍氏豪族集团的暴起 ……………… 64
　2. 西汉后期的亦官亦商，官商合流 ……………… 67
　3. 东汉时地主、官僚、商人的三结合 …………… 68
　4. 东汉时的自给性田庄经济的发展 ……………… 69

十一　从王戎卖李说到魏晋南北朝的
　　　自给性地主田庄 ………………………………… 71
　1. 大田庄主的经商活动 …………………………… 71
　2. 魏晋的田庄经济限制商品经济的
　　　正常发展 ………………………………………… 72
　3. 东晋南北朝期间商业逆转的主要原因 ………… 75

十二　从宋霸子宫廷博戏说到唐朝的
　　　　富商和政治 …………………………… 79
1. 武则天当政时的商人 …………………………… 79
2. 唐玄宗时商人势力的继续增长 ………………… 81
3. 唐后期的富商大贾 ……………………………… 82
4. 商人参与政治及其与党争的关系 ……………… 84

十三　受命于危难之际的理财家刘晏 …………… 87
1. 从办理漕运到改革盐法 ………………………… 87
2. 常平：调剂民食，稳定物价的重要措施 ……… 90
3. 在均输和铸钱方面的建树 ……………………… 91
4. 刘晏的理财思想 ………………………………… 92

十四　始于德宗时唐后期掠夺商民的
　　　　聚敛政策 ………………………………… 95
1. 唐后期的聚敛政策始于德宗之时 ……………… 95
2. 德宗以后政策更加变坏 ………………………… 98
3. 盐茶专卖与唐末的社会矛盾 …………………… 100

十五　分裂割据下的五代十国商业 ……………… 102
1. 五代的商业和商业政策 ………………………… 102
2. 南方九个割据政权的商业 ……………………… 106

十六　北宋前期的商业、商人与王安石变法 …… 110
1. 北宋前期商业的发展 …………………………… 110

    2. 北宋前期商人势力的坐大 ………………… 111
    3. 王安石变法中的抑商政策 ………………… 113
    4. 王安石的商业思想以及对它的评价 ……… 117

十七 敛钱能手蔡京的病商之政 ……………… 118
    1. 蔡京从食盐专利上面大肆搜括 …………… 118
    2. 茶叶的专卖 ………………………………… 121
    3. 蔡京政策对人民对社会的严重危害 ……… 122

十八 南宋商业的发展和叶适的保富、反
    "抑末"思想 ………………………………… 125
    1. 南宋城乡商业的再发展 …………………… 125
    2. 南宋对外贸易的扩大 ……………………… 126
    3. 新兴的工商业者阶层的崛起及其
       代言人——叶适的重商思想 ……………… 127

十九 卢世荣改革的失败和元代商业的
    畸形化 ……………………………………… 132
    1. 元代商业的畸形发展 ……………………… 132
    2. 卢世荣改革的合理内容及其失败结局 …… 133
    3. 对卢世荣的评价以及卢世荣以后的
       元王朝的商业 ……………………………… 137

二十 朱元璋的恤商和明初的盐、茶、钞法 …… 139
    1. 明初的恤商便商政策 ……………………… 139

2. 商品专利政策和货币政策 ……………… 141

3. 明初商业的发展 ……………………… 143

二十一 明中叶的商品经济和张居正的

厚商思想 ……………………… 146

1. 恤商政策的改变 ……………………… 146

2. 嘉靖隆万时的改革和商品经济的发展 …… 149

3. 张居正的重商思想 …………………… 152

二十二 从"郑和下西洋"到倭、

葡寇盗的入侵 ………………… 155

1. 洪武禁海令和有限制的勘合贸易 ……… 155

2. 郑和七次远航：明代对外贸易的顶峰 …… 157

3. 海禁日弛，正德时开始对私舶征税 …… 158

4. 倭、葡海寇入侵与嘉靖时重新加强海禁 … 159

5. 隆庆以来的再开海禁和海外贸易受到

外来的限制 …………………………… 161

二十三 反矿税、反宦官，晚明的城市

民变和党争 …………………… 163

1. 万历时矿税监的横征暴敛 ……………… 163

2. 晚明的城市民变 ……………………… 165

    3. 万历掠夺工商业政策的严重后果 …………… 167
    4. 党争同征商的关系 …………………………… 168

二十四 清前期的商业，乾隆的商业政策与
        市场观 ……………………………………… 171
    1. 清初的商业从破坏到恢复 …………………… 171
    2. 大发展的清中叶的商品经济 ………………… 173
    3. 乾隆放宽商业政策，重视市场作用 ………… 176

二十五 雄视海内、阔步天下的晋徽商帮 ……… 180
    1. 晋、徽两大商帮的由来和发展 ……………… 180
    2. 商帮集团性的加强 …………………………… 182
    3. 成功的要诀 …………………………………… 184
    4. 商帮的历史作用和衰落的原因 ……………… 187

二十六 海禁开放后的中外贸易和
        林则徐的禁烟 …………………………… 189
    1. 由四口通商到一口贸易 ……………………… 189
    2. 清政府的对外贸易管理制度 ………………… 191
    3. 鸦片走私对中国的危害 ……………………… 193
    4. 林则徐禁烟和英国发动鸦片战争 …………… 194

二十七 "商战论"：资产阶级改良派郑观应
        进步的经济思想 ………………………… 198
    1. 买办——洋务派——民族资本家，
       郑观应一生走过的曲折道路 ………………… 199

2. "商战论"的积极鼓吹者 …………………… 200
3. 发展资本主义工商业的各项建议 …………… 204

二十八　渠本翘保矿——清末民族资本家的
　　　　爱国反帝斗争 …………………………… 206
1. 渠本翘的出身与经历 ……………………… 207
2. 清政府丧权辱国，山西人保矿护权 ………… 209
3. 渠本翘在创办保晋公司中的贡献 …………… 212

一　虞舜贩盐，夏禹调粮

商业，在商品经济相当发达的今天，已是大家都很熟悉的事。但在人类历史上曾有一段漫长的时间里不存在商业。商业，只是在生产力发展到一定水平，有了社会分工和生产物的剩余之后才逐渐产生的。其原始的萌芽形态是生产者之间直接的物物交换，后来才有了作为交换媒介的货币和发展了的交换形式——商业。

物物交换的发生

最早的交换——物物交换发生于原始社会。距今六七千年前，河南、甘肃、陕西等早期仰韶文化的村落遗址中都有海贝发现（装饰用），这就是从外地辗转交换而来的物证。当时的交换尚带有偶然性。至距今五千年的原始社会晚期，畜牧业与种植业分工，手工业（制陶与红铜冶炼等）也相继与农业分离，交换相应扩大。《易·系辞》说："神农氏作……日中为市，致天下之民，聚天下之货，交易而退，各得其所"，即表示交换已较为经常，并且有了比较固定的时间和场所。古书中有"因井为市"之说，交易常在井边进行，以便于汲水，供人畜饮用，并将货物洗净。所以，后世常把"市井"连称。

初起的交换是在自然条件不同，拥有不同产品的氏族、部落之间进行，由氏族、部落的首领为代表，对外进行交换。传说黄帝时代（公元前26世纪）已制作舟车、修路、制定度量衡，为交换的顺利进行提供了条件。尧（公元前2357～前2256年）之治天下，"水处者渔，山处者木，谷处者牧，陆处者农……得以所有易所无，以所工易所拙"，这说明交换正是同农林牧渔诸业相辅并进的。

善于经商的舜

尧的继承者舜（号"有虞氏"，公元前2179年开始）是把交换活动大大推进一步的著名历史人物。舜原居东方，早年家世寒微为庶人，曾亲自耕过田，打过鱼，烧过窑。由于能干，受人拥戴，被推为部落酋长。据说舜作什器于寿丘（今曲阜），就时于负夏（今濮阳附近）。"就时"即乘时逐利进行交易之意。负夏当时地处天下之中，舜部落农业和手工业有了发展，故"始迁于负夏"，以便于交换，舜即作为部落首领担任交换之事。传说：舜"贩于顿丘"，"顿丘买贵，于是贩于顿丘；传虚卖贱，于是债于传虚。"顿丘缺少某些物品，所以"买贵"，舜就在这里出售人们所需要的物品；而传虚产品很多，所以"卖贱"，舜则在那里收购产品。这样，擅长交换的舜就利用两地的"买贵"和"卖贱"，使自己处在有利的地位。顿丘在今河南清丰县西南，春秋时亦属卫地，与负夏不远，这说明舜的活动范围已由东向西延伸。舜以出售为目的、贩到顿丘去卖的，除了农渔产品和各种手工业日用器物（"什器"）外，更主要的是舜一向擅制的陶器。舜曾"陶于河滨"，对制陶技术有新的改进，将陶器由制陶之所（今定陶）运往西边不产陶的顿丘，以换取更多的其他产品，是合乎情理的。传虚在今山西运城。"债于传虚"，指舜的交易活动又进一步向西扩展了。"债"是说某种产品数量很多，不但"卖贱"，而且可以让人先把东西运走，以后再偿还其他产品，因类似后世的"赊销"、"赊购"，有赊欠行为，所以称为"债"。

　　舜从传虚运出的物品是食盐。山西运城地区盛产池盐，"河东盐池袤五十里，广七里，周百十六里"，在舜时已有相当的生产规模了。这使舜很感兴趣，故而以此为交换对象。舜部落在迁移中发展："一徙成邑，再徙成都，三徙成国"，后来他被推荐为尧的接班人，更进一步把部落中心迁到今山西靠近盐池的蒲州之地。至今，蒲坂（今永济县）城中尚有舜庙，永济县还有虞乡，都和舜有关。这是舜的第三次迁徙。

　　舜继尧位后，更大力发展食盐生产和贩卖。相传舜作五弦琴，曾弹琴歌南风之诗："南风之薰兮，可以解吾民之愠兮（愠，愁闷）；南风之时兮，可以阜吾民之财兮。""薰风南来"与"阜民之财"有什么关系？

据《盐法议略》说，其间的奥妙是："河东盐池无待人工。当夫夏令甫届，薰风时来，附岸池面，缀珠凝脂，盐颗自结"，"所歌薰风阜财，盖即指此而言"。后世解池的歌薰楼，中条山的薰风洞，即由此而来。南风及时而来，池盐结晶就成，部落的财富增多就有保证。既然盐和当地人民的生计关系如此密切，当年"债于传虚"，素稔食盐交换之利的舜，对池盐生产的好坏当然要付以极大的关心了。

关于尧舜时的交换活动，《管子·揆度》记载：当时部落入朝要分等论级，以虎豹之皮制成衣饰，作为贽见之礼，一些农耕部落就"散其邑粟，与其财物"，同山林部落去交换兽皮。尧舜正是这样促进交换的进行，使双方从货物的交换中得到好处。当时还"北用禺氏之玉，南贵江汉之珠"，促使西北戎族和南方的一些部落去采集这些珍异特产，尧舜通过回赐的方式，拿相当的物品与之相交换，并以珠玉作为与其他物品交换的一般等价物，如此反复进行，以珠玉为货币就产生了。当然，珠玉只是贵重的"上币"，流通范围有限，在较长的时间里，用作交换媒介的还是原作为装饰品的海贝，以及牲畜和生产工具。

3 夏代交换活动

舜的继任者是禹（公元前2140年开始），禹也是个十分重视交换活动的人。早在辅佐舜治理洪水时，禹就大力进行粮食调剂，使因灾缺粮的地区得有饭吃。

《尚书·皋陶谟》上记载：禹"暨稷播奏庶艰食、鲜食。懋迁有无，化居。烝民乃粒，万邦作乂。"上一句话的意思是说禹和后稷一起播种，使老百姓获得难得之食。下一句语中的"懋"，是贸易的意思；"迁"，徙；"化居"，可解释成"交易其所居积"，意思是以其所有，易其所无，把产品从多余的地方，运到缺乏的地方，去交换所急需的东西（粮食）。这样，民众就可安定下来，天下就可太平。这是历史上通过交换来解决灾后人民生活问题的首次有组织的行动。"烝民乃粒"。烝，众多，乃粒的粒字即可解释为"粒食"。看来禹确实很重视提倡交换，借交换以通有无，使之成为人们经济生活中不可缺少的要素。后世常引用的"懋迁有无"4字，即来自禹组织粮食调剂时所说的那句话。

禹既平洪水，继舜之位，国号"夏"，都于冀州之安邑（在今山西夏县）。据《禹贡》所记，分天下为九州——冀、兖、青、徐、扬、荆、豫、梁、雍，并且"相地易所有以贡"，规定各州都以一定的方物土产经各条水道向王都入贡。夏王朝也以冀州物产赏赐有加，实际上这也是一种交换的形式。当时"任土作贡"的贡物，如：兖州的漆、丝、织文，青州的盐、细葛、海产、丝、牲畜，徐州的雉、桐、磬和淮夷所产的蠙珠、鱼、黑白细绸，扬州、荆州的金三品、美玉、美石、箭竹、大竹、齿革、羽毛、木材，扬州的橘柚，荆州的丹砂，豫州的漆、枲、细锦，梁州的玉、银、砮、磬、熊罴（音 pí）、狐狸、皮毯，雍州的美玉、皮毯，等等。贡道其实就是贸迁之路，纳贡以外的产品也未尝不可以循着同一道路进行地区间的物资交流。

夏代交换的媒介——货币，除仍以珠玉为上币外，一般是用海贝，夏人尚黑，故贝采（或染）黑色，"夏后以玄贝"，在夏文化遗址的墓葬中可得到实物证明。货币的产生是交换向前发展的重大标志。

随着陶器、铜器（从红铜器到青铜器）、玉器等制作业的发展，需要比较专门的生产技术、长期固定的操作人员和合适的原料，于是部落中的某些氏族、家族以至家庭逐渐成为专门从事某项手工业的生产者，再加上牲畜更日益增多地转由个体家庭放牧或家内饲养，至此，交换不但对外，而且也开始在部落、氏族内部进行了。原来在交换中握有权力的氏族首领，往往化公为私，把好东西占为己有，从而逐渐富裕起来，连同在交换中崛起的新兴的富有的家族、家庭，形成了倾向于财产私有制的新的阶级，原始社会的逐渐解体被打开了缺口。交换实是推动私有化、瓦解公产制的催化剂。禹死后，其子启继位，开创了家天下的夏王朝，奴隶制国家即由此宣告确立。

在私有制产生后，为了保障财产的安定，"重门击柝，以御暴客"，原始城市已从村邑中分离出来。传说夏鲧（禹父）作城，"以卫君"，"以守民"。交换的场所——市就在城郭里就近进行，市中有"货"，并有前来交换之人。统治者一般对市都加以保护，而在夏桀手里（公元前1763～前1711年），却一变常态，竟"放虎于市，以观其惊"，拿人民的生命开玩笑。桀不久就被起兵时使"耕市不惊"的商族首领汤推翻了。

二　商族·商朝·商人·商业

早先的物物交换，虽然是通过货币而由产需双方直接见面的交换，但还不能算是商业。当交换日益频繁，交换地区不断扩大，不可能产需都直接见面时，一部分人就从社会生产中游离出来，专门跑来跑去，买进卖出，充当产需双方的中介人，于是一种新的社会分工——商人和商业就产生了。为什么把专门从事交换的人和行业称作商人和商业？这须从历史上的商朝谈起。

商族的兴起

商，原是黄河下游的一个夷人部落。远祖契佐禹治水有功，始封于商（今河南商洛县），契之孙相土佐夏，功著于商（居于商丘），商部落即由此祖孙二人得名。商部落（据今河北漳河一带）畜牧业比较发达，牲畜是其对外的主要交换品。商部落在夏代就以善于交换出名。其部落首领王亥——契六世孙，常亲自带着牲畜等物同其他部落开展贸易。有一次到黄河以北易水附近贸易，狄人有易氏杀了王亥，夺走了他的牛车和"仆牛"（牛是交易品，仆是作为交易品或担任贩运劳动的奴隶），引起了一场部族纠纷。王亥之子上甲微为父报仇，起兵灭了有易氏，夺回了财物，商的势力由此扩展到易水流域。由于王亥始"服牛"，有利于商族的发展，商族的后人一直隆重纪念这位先祖，祭祀时要用牛300头。王亥亲自驾着牛车，出远门去进行贸易，可见当时（夏）掌握交换的人仍是控制部落事务的头人，那些脱离生产、专门从事交换为生的中介人还没有兴起。

商朝的建立和交换的发展

到王亥七世孙汤的时候，夏贵族骄奢淫逸，挥霍无度，据说夏王桀光女乐就有3万人，而且是"无不服文绣衣裳者"。汤采用伊尹的策略，叫自己部落亳都（在商丘北）的妇女赶织"文绣纂组"，用来交换夏人大量的粮食，"一纯得粟百钟"，暗中削弱夏的力量，而商的国力由此更加充实。就这样，商族人把自己素来拿手的贸易专长和已经比较发达的手工业，当做政治斗争的有力武器。公元前1711年，商汤伐夏成功，杀了夏桀，建立了商朝。商于是由部落方国的名称进而成为朝代的名称，在当时，商是世界上为数不多的奴隶制文明大国之一。

商代农业的作物种类、产量增多，养蚕、畜牧、酿酒业都很繁盛。在手工业中，制陶业比以前更发达，既有大量生产的大路货灰陶器,也有贵重的白陶器以至釉陶器。青铜冶铸技术纯熟,能制出精美的青铜器皿和坚韧锋利的青铜工具,商后期的司母戊大方鼎达到更高的水平,形制雄伟,高1.33米,重875公斤,是古代青铜文化中仅见的杰作。当时丝织物、畜产品、酒、陶器,大都是奴隶主贵族掌握生产的,其中很大部分是用于出售的交换品;青铜器所用的大量原料(铜、锡)非商本土所产,须通过交换从南方运来。由于青铜业的发展,在以海贝为主要货币的同时(商代尚白,贝取白色),仿农具而制成的青铜"钱"(铲)和青铜仿贝也开始进入货币的行列。

商代的交换活动,主要仍在早期的城市里进行。城邑里有常设的"市",市内有各种各样的"肆",故"肆"、"市"、"邑肆"之称不绝于商王盘庚之口。相传姜太公吕望(吕尚)在未遇周文王(姬昌)时,曾在朝歌和孟津的市肆内干过"负贩"、屠宰(宰牛)和卖酒、"市饭"的营生。屈原《离骚》:"吕望之鼓刀兮,遭周文而得举",《天问》:"师望在肆昌何识?鼓刀扬声后何喜?"说的就是太公吕望七十遇文王之事。

日益发展的交换,货币关系已渗透到商代的文字和人们的观念中。如甲骨文中的贾、贮、勋(宝)等字都从"贝",反映了人们想网取市利(買,利也,从网从贝)、珍爱财富的心理。还有两个象形字,一个像货贝成堆,一个似人拜倒在贝前。特别是在青铜器"荷贝殷"(旧名子荷鼎)上还铸有一字,就像一个人挑着许多贝出去做买卖。这些都是交换发展的一个反映。

商本土、属国的疆域逐渐扩大后，可以取西方之玉石，采南国之铜锡，获东海之鲸贝，来北地之筋角，因而交换的范围也超越前代。由于交换的距离日益辽远，出门的人往往长达数年不归（"夫征不复，妇孕不育"，见《易》）。那些高高在上、鄙视劳动的产品所有者——奴隶主，再也不愿像过去的部落首领王亥那样不辞辛苦，不避风险，亲自去主持远距离的交换活动了。于是交换之事就改由其手下的小臣（奴隶管事）率领奴隶去具体操办，这些人"不耕获，不菑畬"，成了专门搞交换的中介人。他们扬帆驾车，成群结队，有的一次牵牛50头，一出去就是好长时间。路上总是在盘算："得贝"、"朋来"（五贝串成一索，两索谓之一朋，分挂左右），抑或"丧贝"、"朋亡"，希望"朋"如愿地来到手里（"朋从尔思"）。奴隶主贵族则在家坐享其成，舒舒服服地从交换中牟取了大利。正由于如此，在商朝的上流社会里，跑买卖这一行当也就备受重视。在现存的商朝的一个饕餮（音 tāotiè）纹鼎的内部，刻有像人荷贝立在船里的铭纹，旁边还有人以手划船的形象。一个人挑着货币，坐着船到别处去，显然是去做买卖。这只精美华贵的鼎的所有者就是一个以驱使奴隶做买卖为主业的有身份的贵族。正如后人说的"殷人贵富"，对于致富来源的做买卖，商朝人确是很引以为荣的。鼎的所有者正是一个具体的实例，他自豪地把做买卖的图形，作为自己官职的徽记和行业的标志了。

介于奴隶主和奴隶之间的一般平民，做买卖也还是有的。有些人煮盐捕鱼制陶，拿到市上出售。有些人在农事空隙，牵牛驾车到外地去做生意，获利回家，父母欢欢喜喜地为他摆酒做菜来庆功。也有些人在市上屠宰卖酒，如姜太公吕望即是其例。在买卖中有的人积了财，也有的人赔了本。不过平民跑买卖规模不大，他们多数不是脱离生产而专门从事交换的人。这种兼营活动，在当时还不是交换中的主要部分。

为奴隶主服务的交换活动在一定程度上的发展，更进一步刺激了这些剥削者贪得无厌的物质欲望。虽然少数统治者如盘庚也发出了"不肩好货"、"无总于货宝"的告诫，但多数统治者却是变本加厉，为了取得更多的剩余产品来换取奢侈品，供自己享受，越发加紧对奴隶的压榨。奴隶、平民和奴隶主贵族的矛盾日益加深。

商末，纣王无道。就在纣王全力经营东南无暇西顾的情况下，位于今陕西岐山一带的商的属国周就乘机迅速发展自己的力量，并联合许多氏族奴隶主一同起来反商。公元前1066年，由吕望辅佐的周文王之子周武王终于推翻了商朝，建立了由周族统治的新王朝——周朝。周武王攻陷朝歌（今河南淇县），在王宫和贵族的府邸中搜出宝玉14000块、佩玉18万块之多，可见其剥削的财富之多。

3 商人名称的由来

商族人由统治者氏族变为周朝的种族奴隶。许多商遗民一族一族地被迫迁居到洛阳的东郊以及其他几个地方去，由周人严加监视和管理。有些原先商朝的贵族和平民虽在恭顺臣服的条件下能保有一些田宅，但境况大不如前，甚至不能很好地赡养家口。为了贴补家用，他们只好听从周公（武王弟）的告诫，以跑买卖为副业，或纯以所熟悉的贸易为生，为周朝贵族的需要奔走效劳。本来"殷（商）人重贾"，身无一技之长的商遗民，除了出门做生意，贩运各地物产，已别无其他出路。于是，做买卖就几乎成了商遗民以及原先商族的奴隶的主要职业，从事这一行业的也以这些人为多数。过去在商朝繁盛时期，商族人中的一部分人，行旅贸易于四方，也经常到毗邻的周族所居地区去做买卖，因此，在周人心目中，善做买卖的人就是商族人。商亡后，商族人做买卖的更多了，商族人和买卖人交织在一起，给人的这个印象更为深刻。以后，商族和周族之间的氏族界限逐渐泯灭，非商族的买卖人也逐渐多了起来，买卖人虽已不再以商族人为主体，但人们却不分种族，仍把商人作为买卖人的通称。起先只把跑贩运贸易的叫做"商"，坐肆售物的叫做"贾"，即所谓的"行商坐贾"，后来逐渐把他们统称为商人了。现在我们之所以称用于出售的生产物为"商品"，称专门从事交换的行业为"商业"，就是从"商人"一词沿用而来的。商旅、商人、商品、商业，都和古时的商朝有历史的渊源。

三 周公东伐，昭王南征，穆王西游，厉王北奔

从武王克商到平王东迁（公元前1066~前771年），史称西周。西周前期仍是奴隶社会，中后期逐步向封建制转化。在这近300年的时间里，商品货币关系继续有所发展。

1. 西周初商业和市场的管理制度

武王灭商后两年病死，其子成王继位（公元前1063~前1026年），武王弟周公姬旦摄政，都于镐京（今西安市长安区）。当时统治未稳，被封为诸侯的纣王子武庚，勾结派去监视的管叔、蔡叔（武王弟），联合东方旧属国，起兵反周。周公亲自率兵东征，杀武庚，黜管、蔡，灭东方17国，取得了最后的胜利。周公授土分民，减轻剥削，厘定制度，对周王朝的建立、巩固和发展起到了关键的作用。在成、康之世，政治上经济上都呈现出前所未有的大进步，西周的奴隶制发展到了它的鼎盛阶段。被称为制礼作乐，创一代典

章的周公,他的治国方法很受后人推崇。现存的《周礼》一书就保存着许多反映西周政治和经济制度的材料（尽管某些地方有后人理想化的成分）,其中也包括了一系列管理商业、管理市场的做法,在中国历史上有着深远的影响。

西周商业被列为"九职"之一。其职责主要是通四方之珍异,为统治阶级服务。市场上的主要商品不外是奴隶、牛马、珍宝等。奴隶制国家对商业进行有力的监督和管理,制度规定体现贵族地位等级和权威力量的礼器、兵器、命服、命车等不准入市；贵族买东西只能通过手下的管事和仆役人等去办,自己不能入市,以免有失身份。和商代一样,在商品交换中担任贩运劳动的,仍然主要是奴隶,而且不少是被征服的商族人中原来的奴隶及其后人。在市场上坐肆售卖的贾人也是身份低贱的、贵族们不能与之接触的商业奴隶；对属于别的侯国来做买卖的外来商人,则采取鼓励招徕的政策。在王城中和诸侯的国都里,采取"前朝后市"的格局,在宫殿的北面,划出特定的地段,作为市场。市场交易分三部分：中间的叫大市,日中进行,以较富裕的百姓和贵族派来买东西的管事人及仆役为主；东边的叫朝市,早晨进行,以往来商旅和官府商贾的交换居多,一般是较大宗的批发贸易；西边的叫夕市,以贩夫贩妇为主,为一般平民所需要的东西。交易在指定的地点和时间内进行,在市外不能进行交易。

按照《周礼》等古籍的记载："市"设专职官

吏——周称"司市"，列国类同，如鲁称"贾正"、宋郑卫称"褚师"、齐称"市掾"、楚称"市令"，通过这些官吏对市进行管理。下面再设：分区管理、辨别货物真伪的"胥师"，掌管物价的"贾师"，维持秩序的"司虣"，稽查盗贼的"司稽"，验证"质剂"（契约）并管理度量衡的"质人"，征收商税的"廛人"等。对交易中不遵守规定的人要予以纠正直至给予处罚。官府运用行政力量管理市场的目的在于使交易按一定的规范进行，防止欺诈偷抢等不法行为的发生，以维护社会秩序；同时也可防止外来商人任意抬价，以保持主要为统治者所需"货贿六畜珍异"的价格的稳定。中国历史上的工商行政管理从西周（据传是周公）时起已开始形成了制度，以后一直为历朝官府所仿行，并不断加以充实。

西周官府还设立将商业、金融、信贷结合在一起的专门机构，叫"泉府"。泉府以征收来的商税中的货币部分，收购市上暂时滞销的货物，以供不时之需；并以钱、物借贷、赊卖给人，收取利息。据说这也是周公时的一个创举。

与土地等主要生产资料属国家所有相一致，西周时商业和手工业主要也由奴隶制国家（包括各分封国当政的奴隶主贵族）所占有。"凡民自七尺以上属诸三官，农攻粟，工攻器，贾攻货"，工商奴隶隶属于官府，在贾正、工正的指挥下供官府驱使，官府仅给以衣食等菲薄的生活资料，按人户编制，定期检查，世代为奴，不准迁徙改业。只是为了便于官府的统治，便于就近为贵族们服务,才被允许在"国"(都城)中的指定地点聚居,"处商必就市井",但绝对禁止和贵族、平民混杂居住,即所谓"士大夫不杂于工商"。这种官工商制度,在历史上称为"工商食官",是西周以来时代的特色。至于身份比较自由的平民,农闲时兼跑买卖,或出售一些副业产品,在交换中尚不占重要地位。不属于官府的、由小贵族经营的私人商业在西周前期这类情况也是不多的。

西周中期统治者对铜、玉的搜求

西周前期仍是"青铜时代"。青铜冶铸业在商代的基础上发展起来,产量增多,品种增加。随着青铜业的发展,为适应商业的扩大,在以海贝为货币的同时,铜仿贝的流通量有所增加,并有大个重值、仿青铜农具铸造的铜铸货币,如"布"(与"镈"同音假借,锄类)、"钱"、"刀"与贝币大小相权一起流通。"氓之蚩蚩,抱布贸丝"(《诗·氓》),说的就是布币的流入民间。由于使用大量的铜铸造礼器、兵器、工具、农具以至流通日广的货币,统治阶级对铜料的需求就越来越迫切了。"大赂南金"、"金道锡行"(《诗经·鲁颂·泮水》和曾伯簠铭),铜锡的交易向来是同南方(淮夷,荆楚)物资交流的主要内容;铜锡的入贡也是来自南方的主要物品。每当南方叛而不服、关系紧张、铜锡正常的贸易渠道受阻时,周王室就要动用武力,历史上的"昭王南征"之事即与争夺铜的资源有关。

昭王是西周第四代君主（公元前 1000～前 977 年）。南方以楚国为首的方国部落起来反周，昭王"率兵伐楚"，中道中楚人之计（楚人以胶船进王渡江，至江中胶解船沉），"卒于江上"，六师丧亡。昭王"南征不复"，对周王朝打击很大，从此失去对南方的控制力量，铜的来源更少了。

周穆王时（公元前 976～前 922 年），由于铜料缺乏，为了想方设法搞铜，周朝曾定出以铜赎罪的条件，能出铜的都可以免刑。这充分表露了当时统治者对铜料渴求的急切心理。

和商纣广事收罗宝玉一样，周统治者也十分热衷于可作贵重饰物、兼充"上币"的美玉。穆王时犬戎势力强大起来，阻碍了周王朝同西北许多方国部落的来往，而美玉正产于西北，这样，就有了"穆王西游"之事。"八骏日行三万里"，传说穆王这个大游历家行踪曾到昆仑山西王母国，会见了居于瑶池的西王母。一个天子何以肯冒险远游？其实是西征犬戎，以重新打开通向大西北的商路，这里面闪现着商品交换的影子。犬戎退却，障碍既除，穆王沿着过去的通商路线，"载贝万朋"，去换取昆仑（今新疆和田、叶尔羌一带）的玉石，并和沿途各方国部落进行方物交换。穆王西游，发展了中原和西方的通商关系，使周代的中外交通远远地向西伸展。可是，正在那个时候，东夷起来反周，穆王只得匆匆地赶回去了。

3 西周后期社会经济的变化和新兴工商业主的抬头

穆王以后,西周的政治局面和经济状况开始发生日益深刻的变化。史称懿王之时(公元前909~前885年),"王室遂衰";夷王(公元前869~前858年)衰弱,"荒服不朝"。为什么会发生这样的转折呢?原来昭、穆两代的远征,只注意了满足统治阶级对铜、玉、珍奇方物的渴求,而消耗了大量人力物力。大奴隶主在远征中很多被拖垮了,他们的奴隶因逃亡而减少了,田地荒芜,积蓄耗尽,从而出现了社会动荡、奴隶制衰落的危机。而一些中小贵族却乘机改用收租方式,私自招募流散奴隶,在周王封授的井邑之外,开辟私田,由经营农业而致富。另有一些人——其中很多是管理工商山泽的小官,则以较优惠的待遇,招人开发山泽(自己向西周官府包税),成为新兴的工商业主。"高岸为谷,深谷为陵",旧的大贵族没落破产,新的有产者暴发勃兴,他们被称为"富人"、"富子"。《诗经》的变风变雅,即是西周中后期阶级关系新变化的反映。而铁器(块炼铁)在西周后期开始在农业中推广应用,使按户经营、分地交租具备了可能性,实为这些新兴的农业经营者得以改用封建的剥削方式的契机。山林矿产的大量开发也同铁器的应用有关,新兴的工商业经营者很多即是铁器的开发利用者,而为其生产的劳动者摆脱了奴隶的身份,这是一种封建制的因素。时至西周后期,在奴隶社会的母体里已滋长着新的封建制的萌芽。

身份不高的新兴农业经营者和工商业主构成了"国人"（平民）中间的一个主要部分，使最高统治者又是羡慕又是担心。公元前857～前842年周厉王在位，此人酷爱财货，为了抑制这些庶姓家族的经济势力的增长，听信守旧的奴隶主大贵族荣夷公之言，决定加强对农业、工商业和山泽的控制，对以开发利用铁器为重要内容的山泽之利，更完全控管起来，不容私人染指，开始改变了山林川泽由大小贵族和平民共同使用而征其税的传统做法。这一被指责为"厉始革典"的全面垄断的"专利"政策，损害了新兴的农工商业主的利益，从中小贵族到平民都纷纷起来反对。大夫芮良夫向厉王呼吁："匹夫专利犹谓之盗，王而行之，其归鲜矣。"但利令智昏的周厉王根本不听任何人的劝告，反令卫巫监谤，动辄以诽谤罪将人处死。3年之内，积怨日结。"水壅阻则溃决"，公元前841年，历史上有名的由国人发动、有部分贵族参加的"国人暴动"终于爆发。"暴虐侈傲"的周厉王仓皇出奔，渡黄河逃向东北，止于彘（今山西霍县），最终死在那里。这次国人暴动正是带有封建制因素的新兴的农业经营者和工商业主同旧的奴隶主大贵族之间的一次较量，加速了西周奴隶制政权走向灭亡。

厉王出奔后，周、召二公联合执政，对百工商贾作了些让步。不属于官府的私人商业就此获得发展机会。"如贾三倍，君子是识"（《诗·瞻卬》），幽王时（公元前781～前771年），商业有3倍之利，连小贵族也眼红，于是纷纷经起商来了。

四 管仲——春秋时代商人出身的齐国大政治家

公元前770年,周平王在幽王被杀、犬戎逼迫下东迁洛邑,历史由西周转入东周。自此至公元前454年韩、赵、魏三家分晋的上一年为止,这317年间,史称"春秋时代"。春秋时代是中国历史上的封建领主制时期:"同井合耦、聚种共作"的奴隶上升为分地到户、个体耕作的农奴,生产积极性被调动起来,再加上铁制农器得到推广和改进,生产力有所提高,剩余产品增加,交换渗入农村,这就为商业的发展创造了前所未有的良好条件。

管仲在齐国的改革

春秋时代是各大封建领主争霸的时期。在春秋五霸(齐桓公、晋文公、宋襄公、秦穆公、楚庄王)中,齐桓公为第一霸,"区区之齐"之所以能最早称雄中原,和它领先于其他诸侯国的发达的商业很有关系。而齐国商业能有突出的发展,又得力于在齐主政40年的管仲。

齐国是西周初姜太公吕望（吕尚）的封地，面对大海，土地含碱，不大适宜农耕。善于用谋的太公望就转而靠发展手工业和商业来维持生存。"劝其女红（丝织业），极技巧"，"通商工之业，便鱼盐之利"，结果"财蓄货殖"，齐国富强，四方人物归齐，"襁至而辐辏"。在西周时，齐国已发展成一个手工业和商业的中心区域。

管仲（约公元前730～前645年），出身于小商人，年轻时和鲍叔牙在南阳（今山东邹县）合伙经商，管仲家贫，分红时鲍叔牙常让他多得一些。后来齐国政治混乱，荒淫无道的齐襄公被杀，其诸弟争位，公子小白，得为齐君，即齐桓公。鲍叔牙辅佐桓公得位有功，便把他深为了解的好友管仲推荐上去。齐桓公即任用接近过下层、深知民心向背的管仲为相，进行经济改革，缓和了齐襄公时公田不治、农奴逃亡的阶级矛盾。管仲建议桓公实行"相地而衰征"、"与之分货"的政策，废除了原先通过耕种公田剥削劳役地租的方式，把包括公田（徭役田）在内的全部耕地分到各家各户，按土地好坏、生产多少，分成征实物地租，这使劳动者（农奴）的境况较前有所改善。同时管仲又大力推广新发明应用的铸铁农具，使本来不宜耕作的斥卤之地，得以大片开垦出来。春秋前期，齐国之所以经济实力强于别国，商业发展的物质基础优于别国，说到底就是由于它对生产关系调整较多、较早（把公田全分到户），以及生产力提高较大、较快（使用铸铁农具早于别国）所致。

管仲的"官山海"政策和"轻重"之道

管仲在振兴齐国农业的基础上，又充分发挥齐地素来重视工商业的优良传统，运用自己丰富的经商经验和知识，进一步发展商业及对外贸易，为齐国的富国强兵提供了必要的经济保证。

相传齐桓公为了应付军事开支，曾打算增加税收，管仲表示异议。他认为：征收房屋税会使房屋损坏失修；征收人头税、户税，会使人民隐瞒户口；征收牲畜税会阻碍牲畜繁殖；征收树木税会影响种树育林。强制性的征税只会引起人们的不满，从而使赋税征集更加困难。不如通过商业活动，从盐铁两种商品的买卖中来扩大财政来源。盐是生活必需品，"恶食无盐则肿"，人们都少不了盐；铁已开始用于铸造农具工具，人们乐于应用，经营铁器是一项新兴的事业。但盐铁迄由私人经营，征收租税，政府所入不多，把这两大利源由国家控制起来，比利归私商而另向人民加赋增税要好得多。政府掌握货源，在出售时稍为加一点价，人们没觉得增加什么负担，不致引起嚣然反对，实际上是利"归于上，人无以避此者"。以工商山泽的收入来代替征税，"取之无形"，冲淡了赋税的强取色彩，而收到"民洽上"的效果，这是首倡此种理财思想的管仲的高明之处。

　　管仲的盐铁政策，当时叫"官（管）山海"，后世称为盐铁专卖。和周厉王的"好专利"不同，管仲并不主张把盐铁的生产完全收归官管，而是让人民来生产，官府坐收实物税，只在流通环节上加强控制。其做法是：准许国人采伐枯柴，煮海水为盐，由官府出价征购，连同所收的实物税，积存起来备用。铁，则由人民开矿冶铁，按原料重量和成品利润，官私三七分成。盐铁虽由民制，但运销全由官办。官府把积存的盐，加一点价，按户籍、计人口卖给人民。由于盐的消费面很广，每升盐加价不多，合起来就是一笔很大的收入，不分贵贱，人人分担一点，负担也较公平。铁，同样也是适当加一点售价，按户籍编制供应给农家。官府在铁器的专卖中也无征税形式而使民"无不服籍（征税）者"。

　　由于盐开放民营，生产者积极性高涨。每当川泽开放时，纷至沓来，像上市一样。但管仲考虑到在丰富的资源面前，如不加控制，过多的劳动力流向制盐就会影响农业生产，同时也会造成生产过剩。为此，他规定：煮盐时间安排在十月至明年正月底。二月孟春农事将起，盐已积到一定数量，即下令"北海之人毋得聚佣煮盐"。食盐产额既有限制，在流通中就能保持求过于供之势，使价格不致下落而影响官府的商业收入。"限产抬价"这是管仲早就应用了的一种巧妙的经营谋略。

　　管仲深知齐国的经济特点——富鱼盐之利，极女红之巧,因此特别注意对外贸易。他采取了不同于对内贸易严格管理的对外比较自由开放的政策:把齐国所产连同由莱夷输入的鱼盐,向别国出口或转出口。"关市讥而不征",只稽查不收税,使出口趋于活跃。为招徕外来商人替齐输出商品,特给予优待:设立宾馆招待"诸侯之商",来一乘(一车四马)的供给本人伙食,来二乘的供给马的刍料,来三乘的连从人的饭食也供给。这样"天下商贾"就"归齐者流水"。食盐的出口十分有利,官府"修河济之流",叫人把盐"粜之梁赵宋卫",从中获取大量黄金,这等于"煮沸水以籍天下"。管仲还利用齐国的诸侯盟主地位,把便利商旅和减轻商税的条文,订到盟约中去,允许粮食调剂,打破闭关封锁,市税、关税相约只收2%。这些互惠的条件有利于商品在内外之间的顺畅交流。

熟悉贸易的管仲,运用国家的力量经营商业,掌握货币(由国家铸钱,齐国用刀币),平衡物价,调剂供求。这就是所谓的轻重之术。在物多而贱时,即"轻"时投放货币,收购商品;物稀而贵时,即"重"时抛售商品,回笼货币,由此调节过低过高的物价,以起到保护生产、安定人民生活的作用。在一买一卖中国家还可获得一笔正常的差价来充实财政收入。和他的"徼山海之业"(盐铁)一样,管仲的"通轻重之权"在历史上也很受称道。

管仲虽也主张崇尚节俭,但在生产有余时却鼓吹扩大消费,"美车马而驰,多酒醴而靡",以增加人民就业,推进社会生产。

3 管仲的"四民分业"论

管仲时代,"工商食官"的格局仍在维持,私人商业还不占主要地位。他开展内外贸易,主要使用"官贾"以及部分私贾的力量。他整顿地方组织在国(都城)中专设工商之乡。让官私贾人集中住在那里。他在中国历史上第一个提出"士农工商"的"四民分业"的理论,把发展商业提到与发展农业并重的地位。四民各定其居,不得杂处,不得改业,不得迁移。同行聚居在一起,再加父兄之教,就便于经验的交流、知识的相授。使商人在四民中能保持合理的比例,能有职业的稳定性和良好的技术教育环境,并防止农民轻易地弃农经商,在农业上保持足够的劳动力,这在当时是有一定道理的。以后,工商定居变为杂处,民不移事实上已做不到,而"工商皆为家专其业以求利",尽量不改行、改业,这种情况在封建社会里仍长期地持续保留下来。

4 管仲后的齐国商业

管仲发展商业和对外贸易的一系列的政策措施,为齐桓公"一匡天下,九合诸侯"的霸业打下了坚实的经济基础。管仲死后,齐国遵其政,常强于诸侯。但到春秋末齐景公时却一反管仲之教,把"官(管)山海"搞成官府对山林海泽的全面垄断,在生产环节上改为官制,排斥民营;原先负担尚轻的商税已变成"偪(逼)介之关,暴征其私"。这样弄得"人民苦病,夫妇皆诅"。大夫田氏乘机用种种办法争取民众。因不征税,田氏领地所产的山木、鱼、盐、蜃蛤等拿到市场上来卖和原产地的价格一样,不加一个钱。从此人民如流水似地归附田氏。到公元前386年,姜齐政权终于转入田氏之手。

战国时田齐开放工商业私营,取消盐铁专卖,用以回报私营工商业者对自己的支持。其后"游商蓄贾"势力坐大,以致形成了一种与国君相抗衡的力量。这些人残酷地剥削农民,使许多耕者或破产流亡,或沦为商人的奴婢。追恋管仲业绩的"轻重家"们,对之深恶痛绝,他们在《管子》一书中假托桓公同管仲的对话,提出要在齐国重新推行"官山海"政策,以"杀(抑制)商贾之利"而"益四郊之民"。由于当时"商贾在朝",《管子》书中的许多建议都无法实施,但管仲的思想却通过《管子》一书流传于后世。以后一些有作为的理财家都是管仲学说的推崇者和奉行者。在中国历史上管仲确实是一位与商业密切相关的重要人物。

五　端木生涯，陶朱事业

春秋时期，在商业上发生的一个突出变化是："工商食官"制度逐渐解体，自由商人昂首登上历史舞台，其中出现了一些著名的令人刮目相看的代表人物。

1. "工商食官"制度崩溃的原因

西周时"工商食官"，私人的经商活动很少。到西周后期，小贵族经商者和开发山泽之利的新兴工商业主开始兴起，有的成为"多藏"的富豪，构成对"工商食官"制度的外在威胁。进入春秋前期，工商食官尚以奴隶制的残余一时保持下来，但在建国（郑）、复国（卫）、兴国（晋）的过程中，统治者为了争取商人的支持，改变其低贱的身份，给以经营自由，从而造就了一些受保护、得优待的私营商人。如矫命犒师、智退秦军的郑国商人弦高，就是其突出的例子。春秋后期，随着封建制度的形成和发展，原奴隶身份的贾人和百工，为争取自由，经过斗争而获得解放，如郑国五族作乱中的"臣妾多逃"和卫国多次的工匠起义都见诸史册。衰国和亡国的百工商贾之长,在丧职、叛逃后亦变为民间的工商业者,如东周末参加王子朝作乱的那些人即是。也有的国家新旧两种势力斗争激烈,为收揽人心,各自在工商业上退出一些阵地,私商则因商税减轻、山泽开放而得到较快的发展,如齐国的新兴势力田氏、鲁哀公时的旧公室都做过这样的事。还有,在国和国之间、卿大夫之间的争战中,工商奴隶立了军功而免除奴隶身份,农奴身份的小工商也进一步获得自由身份,可上升为士。通过这种种渠道,挣脱工商食官羁绊的人,与西周末春秋初就有的富而不贵的私商的后裔合在一起,都是不受命于官府的私营工商业者或个体小工商。此后,在城市和交通发展、地区间贩运贸易增加、商品货币关系日益扩大的形势下,士人、在职官僚经商者、平民经商者和弃农经商者的人数日益增多,出现了中国历史上的第一次经商潮。那些具有自由身份、独立经营权力的"自由商人"队伍不断扩大。到战国时私营商业在流通领域已居主要地位,工商食官制度崩溃,官营商业只在某些场合下存在。

春秋时代,在社会发生变革之际,商人中间部分人与旧贵族关系密切,安于现状,不希望打破旧秩序;另一部分新兴的自由商人从本身利益出发,同情劳动者阶级地位的进一步改善(由于劳动热情提高,可提供更多的商品量和更大的市场),赞成大一统局面的形成(关梁无阻,商税减轻),支持土地私人占有制的建立。因此他们和新兴地主阶级站在一起,拥护新制度

（封建地主制），反对旧势力（分裂割据的封建领主），在政治上是当时的进步阶层。在商业本身，自由商人调剂物资余缺，平衡市场供求，发挥了商业的客观的经济功能；其亦工（矿）亦农（牧）者，更在开发资源、增加社会财富方面起到了积极作用。

春秋之末，自由商人加速成长，子贡、范蠡就是这时产生的、十分有名的、为《史记·货殖列传》中凸现的历史人物。后世商家门联上所写的"端木生涯"、"陶朱事业"，即是指此二位而言。

2 子贡：士人经商的典型

子贡，复姓端木，名赐（公元前520年~?），出生在有重商传统的卫国，是孔子的弟子，他师从孔门前，就已经商致富。他是不受命于官，而以自己的财富买贱卖贵的私商，孔子所说的"赐不受命于货殖焉"，就是这个意思。子贡就学于孔子，后出仕卫国，又经商于曹鲁之间。孔子的门徒中子贡最为富有。"结驷连骑，束帛之币以聘享诸侯，所至，国君无不分庭与之抗礼"。孔子周游列国，从人众，时间长，在财力上就得到子贡的支持。孔子所以名布天下，子贡出力不少。孔子返鲁后子贡继续经商，最后"家累千金"，死在商业发达的齐国。

子贡经商本领高强。孔子称赞他善于猜中行情，"臆则屡中"；司马迁说他"好废举，与时转货赀"，即很会贱则买进（举）、贵则卖出（废），掌握时机，从中转易取利。当时珠宝生意很热门,子贡亦精于此道。子贡认为商品价格高低取决于供求关系,他说:"君子之所以贵玉而贱珉(石之美者)者何也;为夫玉之少,而珉之多耶?"供求关系的变化正是前资本主义商业买贱卖贵的前提,子贡的"物以稀为贵"论,正是商人的观点,和孔子的"物以德为贵"论(玉有仁、智、义、行、勇、情、辞诸德)截然不同。

3 去官经商的范蠡

几乎与子贡同时的还有范蠡这位商界巨子。据《史记》记载,范蠡字少伯,楚人。仕于越,为大夫(约在公元前 496~前 473 年),辅助卧薪尝胆的越王勾践灭吴复国,建立霸业,官拜上将军。但他觉得勾践这个人只能同患难,不能共安乐,不如及早抽身以保安全。于是就悄悄地收拾起珍宝珠玉,更名易姓,携带家属奴仆,"乘扁舟浮于江湖",做商人去了。他是官僚专职经商的典型。范蠡在越时曾说:"臣闻从时者,犹救火、追亡人也,蹶而趋之,唯恐弗及",他后来经商之敏于把握时机亦类此。最初,他到商业发达的齐国,自称"鸱夷子皮","耕于海畔,苦身戮力,父子治产";不久"致财数十万",齐人闻其贤名,聘为国相。范蠡又觉得"久受尊名,不祥"。于是交还相印,把他的财产尽数分给知交乡党,只保留部分"重宝",第二次弃官而去。其后,来到居"天下之中,诸侯四通,货物所交易"的商业中心陶(今山东定陶)

定居,自称"朱公",人称"陶朱公"。"父子耕畜","废(卖出)居(买进),候时转物,逐什一之利",农牧商渔结合,又积累了大量财富。范蠡确是个"善治生者","能择人(选择进销货对象)而任时(随时逐利,适应市场),十九年之中,三致千金",并一再接济贫穷的朋友和远房兄弟,人们说他"富好行其德"。后来衰老,子孙继续经商,家财"遂至巨万(万万)"。

4 "计然之策"经商的理论和原则

范蠡经商致富有一套理论和原则,即所谓的"积著(贮)之理"(增加利润、积累财富的方法)。这一方面来源于范蠡本身经商的实际经验,另一方面则如范蠡自己所说的是受到"计然之策"的教益。计然,又称计倪,葵丘濮上人,姓辛,字文子,南游于越,范蠡师事之。"计然之策七,越用其五而得意"。范蠡认为"既已施于国",不妨再"用之家",他经商时即以计然之策为指导,取得了很好的效验。

经范蠡用于经商实践中的计然之策,与商业有关的包括什么内容呢?据《史记·货殖列传》记载:

①要求根据天时变化和农业生产规律来指导经营。强调重视储备、积蓄物资,即所谓"知斗则修备,时用则知物",能掌握这两者,"则万货之情可得而观已"。大至国家之间的争斗,小至商家之间的竞逐,要取胜,都必须注意"储备"。知时而备,预知不同时间

所需用之物，事先做好准备。这个"时"，主要指年岁的丰歉和水旱等自然条件的变化。他认为天时变化，从而农业生产的变化规律是可以掌握的。岁星（木星）每年出现在不同的星空区域（古人把这些星空区域分别划归金、木、水、火、土五行名下）中，十二年一循环，如"岁在金，穰（丰收）；水，毁；木，饥；火，旱"。"六岁穰，六岁旱，十二岁一大饥"。能预知未来的水旱丰歉，就能预测到粮食供求变化的长期趋势。除了在丰年收进粮食、纳入储备，以备水旱荒歉年份出售外，还应根据天时变化决定其他商品的经营对策。如在大水年预做车子的生意，因这时用船，车没人要，价贱；水灾过后，车子将成为市场上特别需要的抢手货而涨价。反之，在天旱时则应预做舟船的生意，道理一样。这就是所谓的"旱则资舟，水则资车"，可称为经营上的"待乏"原则。贸易的物资以迎合将来迫切需要者，最为有利可图。

②要根据市场供求关系来判断商品价格的涨落，即所谓"论其有余不足，则知贵贱"。价格的涨落有一个极限："贵上极则反贱，贱下极则反贵"，"一贵一贱，极而复反"。前者是因价格涨，商品贵了，供给就增加；供多了，供大于求，价格就下跌，贵又复为贱。后者则是供给减少，价格重趋上涨的缘故。应当顺应这种规律，即所谓的"顺其恒"。在商品贵到适当程度时，当它粪土那样毫不吝惜地及时抛出，这叫做"贵出如粪土"；在商品相当贱时，则又当它珠玉那样大胆及时收进，这叫做"贱取如珠玉"。不能因价贵就守货惜售，也不能

因价贱而观望不进。在这里，不但要求从眼前市场供求和价格涨落来决定做何种生意，而且要求看到下一步，懂得事物在一定条件下会向相反方向转化的道理。

③用计然之策经商，还有一个要点是在具体商品的经营上要注意商品的质量。贮藏货物要完好，这叫做"务完物"，容易腐败的食物则不要久留（"腐败而食之货勿留"）。质量意识于此表现得十分明确。

④要特别注意加速商品和资金的周转。"财币欲其行如流水"。不能把货币滞压在手中，这叫做"无息币"。也不能囤积居奇，贪求过分的高价，以至延缓了商品的周转，要从加快周转中来增加利润，这叫做"无敢居贵"。在运用计然之策来经商时，这一点具有突出的重要意义。

范蠡运用计然之策，以掌握天时变动的"时断"与选择贸易对象的"智断"相结合，其经商是很成功的。他的"积著之理"确已接触到一些规律性的问题，可说已直观地在经济上接触到价值规律调节商品生产的问题了，对价格"极而复反"的发现是很了不起的，达到了古代商人的最高的认识水平。

在工商食官时，业务简单，缺乏竞争，隶属官府缺乏主动，商贾只会替商品估估价而已；在自由商人兴起后，独立经营，自负盈亏，市场竞争剧烈，要赚钱就必须讲究经营方法，于是子贡、范蠡在实践中推出了一个胜于一个的经商理论，这是时代的需要。他们的许多至理名言不但被后世货殖家奉为圭臬，就是从今天来看，仍是很可贵的思想遗产。

六　李悝的平籴法，
　　白圭的经商术

战国时代（公元前453～前221年）是中国封建社会自领主制向地主制转化的重要历史时期。束缚于领主井田制下的农奴在各国的变法过程中相继获得解放，变成直接归国家官吏管理的国家授田制下的自耕农民，身份同于自由平民，剥削略有减轻，他们的劳动热情和生产成果比农奴大增。各大小领主的领邑被兼并成为数不多的新兴地主专政的集权国家，割据状态被打破，政治渐趋统一，市场得以扩大。在生产力发展（铁农具、牛耕、水利灌溉）的交互作用下，商品经济的发展达到了一个前所未有的水平。农产品和手工业产品交换增加，地区间物资交流活跃，市场扩展，城市繁华，金属货币大量使用，土地进一步商品化，劳动力和奴婢的买卖盛行，这些都大大超过春秋时代，可说是中国历史上商业的第一次飞跃。

就在战国的前期，出现了两个和商业有关的著名人物：一个是李悝，一个是白圭。前者制定了平籴（粜）政策，主张由封建国家来参与粮食贸易；后者经营有方、经营有道,是自由商人在战国时的正面代表人物。

1 李悝的平籴法

李悝(约公元前455~前395年),魏文侯时相国,在魏国进行变法:废除旧贵族世官世禄的特权,扶植新兴地主,将国家掌握的一部分土地分给农民耕种,收什一税(农奴剥削率超过5/10),使之变为"一夫扶五口,治田百亩"的个体小农,由此确立了封建地主和农民的土地私人占有制,铲除了井田制阡陌沟洫的遗迹。为巩固新的封建秩序和维护私有财产,制定了《法经》六篇(已佚),战国时法家学派实可推李悝为先驱。

李悝十分重农,他发布"尽地力"的教令,推动农民"治田勤谨",增加农业产量。同时,他又提出了平籴(粜)政策,由国家以合理的价格收购(籴)或供应(粜)粮食,以调节粮食的供求和价格。国家参与粮食贸易始行于管仲之时("通转重之权"),但在领主制时期,自由农民比重不大,农奴余粮不多,故这种做法不够普遍和经常,后来私营商业兴起,国家就撒手不管了。在封建地主制阶段正式把"平籴"作为一个政策付诸施行的,盖始自李悝。在工商食官解体,官府商业阵地大大退缩的情况下,平籴法是仅存的一项重要的官营商业。

在封建地主制初始之时,李悝实行平籴法自有其客观的紧迫性。一方面因为当时自耕的个体小农已广泛形成，他们在一般年景和丰收年景都要出售余粮，"社间尝新春秋之祠"，"疾病死丧之费及上赋敛"等一切用钱的开支，主要靠出售余粮换钱来支付。如果粮食的收籴价格太低，不足偿付农民的生产和生活费用，就会使农民"有不劝耕之心"；另一方面，当时社会上要籴米为食的平民（如独立手工业者）也比领主制时期大大增加，如果粮食的出售价格太高，人民生活困苦，也会造成社会的不安；而且在歉收年或青黄不接时，粮食不够吃的农民也需买进一些，如粮价太高，则会影响农民的生活和农业的再生产。李悝看到："籴甚贵伤民，甚贱伤农，民伤则离散，农伤则国贫。故甚贵与甚贱，其伤一也。"要通过平籴，使粮价既不甚贵又不甚贱，达到"民无伤而农益劝"的目的。

粮价为什么会甚贵甚贱呢？原因是：市场的供求规律自发地在起作用，商人更在里面推波助澜，操纵价格的涨落。原来自由商人兴起后，随着时间的推移，中间发生了分化。部分人是如同过去范蠡那样的"诚贾"，"因时取舍"，利用自然形成的季节差价、丰歉差价来市贱鬻贵，取得合理利润，而另一部分商人则走向反面，变为心黑手辣的"贪贾"。在市场上出现许多囤积居奇的"大贾富家"：秋收时尤其丰收年，他们乘粮食上市多，供过于求，而压价收籴；青黄不接特别是荒年，有意囤粮不卖，造成价格的飞涨，然后出售，牟取一倍以至几倍的暴利。这种情况战国时代已很严重，商人们的投机活动已对社会产生有害的影响，与封建统治主矛盾日深。李悝推行平籴政策，正是对这些商人的抑制和干涉，他是战国时将开始抬头的抑商思想推衍形成实际政策的人。

平籴法的另一作用是调剂丰歉年之间的粮食余缺。以前，遇到丰年，往往粮食卖不出去，"狗彘（音 zhì）食人食"，而遇到荒年，则往往粮价飞涨，"道有饿民"。这种"民利之失时，物利之不平"的现象，是不利于封建秩序的巩固的。平籴法就是为了"取有余以补不足"，使"虽遇饥馑水旱，而民不散"。

怎样来进行平籴呢？根据《汉书·食货志》的记载是：仔细观察年景好坏，是上熟、中熟，还是下熟，是小饥、中饥，还是大饥。上熟年份由政府收购农民余粮的大部分，中熟年收购量适当减少一些，下熟更减少一些，使其刚好满足农民的出售要求、价格保持平稳为止。遇到水旱饥荒就"取有余以补不足"，小饥年"发小熟之所敛"（小熟年所收购的粮食数），中饥年"发中熟之所敛"，大饥年"发大熟之所敛"，粜粮给缺粮农民和一般消费者，使价格不至腾贵。这种做法，据说"行之魏国，国以富强"。

② 白圭的经商术

和李悝站在不同的地位，白圭代表了自由商人的利益，在经商方面积累了丰富的经验。

白圭是周（洛阳）人，史称"周人巧伪趋利""善为商贾"，白圭是其中的活跃分子。当魏文侯执政时，李悝"务尽地力，而白圭乐观时变"。据说，白圭这个人"能薄饮食，忍嗜欲，节衣服，与用事僮仆同苦乐"；但做买卖精明强悍，"趋时若猛兽鸷鸟之发"，当机立断，善于掌握时机。他特别注意经营一般人民迫切需要的商品，"欲长钱，取下谷"，因这类商品消费弹性小，成交量大，可以多取胜，不高抬价格，也可获大利，薄利多销，多销多得。他还主张"长石斗，取上种"，即选择优良品种，作为种子供应，以增加粮食产量，扩大粮食货源，把发展商业放在发展农业生产的基础之上。

为适应战国时小农经济的成长，白圭主要从事农副产品的经营。他把自己的经营原则归纳成八个字："人弃我取，人取我与"。丰年或粮食大量上市季节，农民急着要把多余的粮食脱手，粮价下跌，白圭就适时收购进来，这就是"人弃我取"；歉年或青黄不接之际，农民亟须购买粮食维持生活，粮价上涨，白圭就适时供应粮食，这就是"人取我与"。歉年在粮价上涨同时，帛絮之类往往因农民大量求售以资代偿而价格下落，蚕茧上市时价格亦下跌，白圭就及时加以收购，这也是"人弃我取"。农民售粮后有钱购买所需的手工业原料（丝漆），白圭亦适时供应，则亦属"人取我与"。白圭经营的特点是把某些尚未形成社会的迫切需要，一时供过于求，从而价格比较便宜的商品，预先大量购存，等待社会急切需要、求过于供、价格上涨时，再行出售，这也是"待乏"原则的应用。白圭从自然形成的丰歉差价、季节差价中取得合理的利润。

其所出的收购价即使比当时的市场价还高一点，相对于歉年的价格也是贱的；所出的销售价即使比当时的市场价还低一点，相对于丰年的价格，也是"贵"的。这就叫做"良贾不与人争买卖之价，时贱而买，虽贱已贵，时贵而卖，虽贱已贵"。同"人弃，我不取，而待更贱取之；人取，我不与，而待更贵与之"的贪商奸贾的压价拒收、抬价靳卖的投机倒把、囤积居奇的行径有根本的区别。白圭是诚贾的代表，他的做法在客观上可起到调节供求、平衡价格的作用。他自己也说是在行"仁术"。在战国时奸商横行之际，能以粮食的调剂和粮价的稳定为己任者，除了魏国有官府举办的李悝的平籴法外，在私商中间就只有诚贾白圭那样的"人弃我取，人取我与"了。

白圭之所以能在各年之间进行粮食的余缺调剂，也得益于他有一套商情预测方法。他认为农业收成和气候有关。天时有循环，丰歉也有循环，每十二年形成一个周期，包括两个丰收年和两个旱年，其中一个是大旱年，还有一个是水年。遵循这个规律进行交易，丰年收购粮食在歉年出售，便有很大的收益可得。水旱年成的荒歉季节到下一年的收成季节之间差价可达一倍，即所谓的"积著率岁倍"。

白圭对自己经商很自负，他说："吾治生产，犹伊尹吕尚之谋，孙吴用兵，商鞅行法是也。"认为要做个成功的商人必须智、勇、仁、强俱备。"其智不足与权变，勇不足以决断，仁不能以取予，强不能有所守，虽欲学吾术，终不告之矣"。

3 李悝、白圭思想的渊源和影响

李悝和白圭思想的形成,并非一朝一夕,范蠡就是他们的先行者。范蠡也曾提出过要"平粜齐物":"夫粜(农民对粮食的出售价)二十(每石二十钱)病农,九十(每石九十钱)病末(商),末病则财不出,农病则草不辟",粮食价格要适中,"上不过八十,下不减三十",则"农末俱利,关市不乏"。所不同的是范蠡主张商人对粮食的收籴价上下要有个合理的幅度,籴价过贵不利于商人,反映了商人的利益。而李悝所要稳定的是官府对粮食的收籴价和出粜价,要保护农民的生产和安定消费者的生活,是从封建政府的立场来看问题。白圭作为私商同范蠡立场一致,因此所受的影响更多。他的"人弃我取,人取我与",与范蠡的"旱则资舟,水则资车"精神一致;不抑价观望,不抬价惜售也与范蠡的"贱取如珠玉"、"贵出如粪土"和"无敢居贵"一脉相承。农业丰歉循环,范蠡也早有发现,白圭的说法则更为具体化了。

李悝和白圭的商业理论对后世的影响是深远的。2000多年来平粜法一直为中国封建社会的一些较进步的政治家、理财家奉为至高无上的制定经济政策的依据。汉代起的常平法即由平粜法而来。白圭则被后世商人推为本行业的祖师爷,直到明清著名的徽晋商帮中的许多诚贾还都以白圭的"人弃我取,人取我与"为自己的学习信条,近代的民族工商业家荣宗敬也因以"人弃我取"为其所恪守的原则,而获得了经营上的成功。

七　商鞅在秦变法中的
　　重农抑商政策

在战国七雄中，远处西陲的秦国是为东部诸侯所瞧不起的。可是后来剪灭六国、统一中华的却是这个秦国。其中的关键在于秦孝公时商鞅在秦变法，把秦国由旧的领主制加速建成一个新兴的封建地主制的后来居上的强国。商鞅变法是战国时代的一个重大的历史事件，在这次变法中明确地提出了"务本抑末"的口号，是中国历史上封建王朝的重农抑商政策的先声。

1　诸侯卑秦，求贤图强

战国初期，秦国经济落后，旧的领主贵族还占统治地位。秦简公七年（公元前408年），才实行"初租禾"，废除劳役地租，改用实物地租。以后30年中，随着农牧生产的发展，商业逐渐繁盛，同陇蜀之间货物交流日趋频繁。秦献公七年（公元前378年），"初行为市"，开始在城市里建立正规的市制，设官管理市场，商人势力成长起来。这时秦国的都城自雍（陕西凤翔）迁至栎邑（临潼），交通四达，西接戎狄，东连三晋，在"国际贸易"中出现了一些大商人。

秦孝公即位，感到"诸侯卑秦，耻莫大焉"，于是在当政的第一年（公元前361年）即下令求贤，改革政治。卫国人公孙鞅，即后来所称的商鞅，带着李悝的《法经》，应命来到秦国。

② 商鞅变法，抑商重农

商鞅（约公元前390～前338年），从小好刑名之学，年轻时在魏国学习、求仕，总结了李悝、吴起等人的变法经验，成为战国时法家的杰出代表。入秦后取得孝公的信任，于孝公三年（公元前359年）、十二年（公元前350年）分两步变法。在秦国厉行法治。变法矛头指向领主贵族，废除了他们的世袭特权，按军功重新确定爵位和占有田宅、臣妾的等次。奖励农耕，明令"致粟帛多者"可免除徭役和赋税，不努力耕作怠惰而贫穷的人，则连同妻子罚作官奴隶。废除领主的土地所有制，开裂阡陌封疆，将所有权归属国家的土地授予农民，土地占有权可买卖转移，确立以小家庭为单位的土地私人占有制。普遍推行郡县制，合乡邑聚为县，由国家直接派去官吏治理，不再让领主插手。在打击旧贵族、扶植因军功而起的新兴地主的同时，也以商人为打击对象，下令限制从事工商业的人数，立法禁止弃农经商，不经许可舍本逐末者也没入官府为奴。为什么商鞅要这样严厉地抑制商人呢？

原来其抑商的目的是为了重农,商鞅认定重农,实行"农战"的方针,是秦国由弱图强的唯一出路。

当时七雄并峙,争城掠地,最需要的是兵和粮,兵和粮又以农民的力役和力耕为来源。农业同国家的富强、封建制度的巩固关系至密,然而商人却在贪婪地侵蚀着农业。他们通过不等价交换、高利贷和囤积居奇等种种手段来"牟农夫之利"。《商君书》说:"民之内事,莫苦于事农","农之用力最苦而赢利少,不如商贾技巧(技巧指从事奢侈品生产)之人","商贾之士佚且利"。正因为如此,农民纷纷流入城市去逐什二之利,或自己跑买卖,或变成商人的雇工,社会上出现了商与君争民、市与野争民的矛盾。封建政府徭役、兵役的负担者,可供剥削的直接从事农业生产的劳动者减少了,"工商游食之人"增加了。东方六国情况如此,秦国也不例外。尤其秦国地居关中沃野,是天然的农业区,而当时地旷人稀,劳动力很缺乏,弃农就商的风气使劳动力不足的问题越发严重。商鞅很清楚地看到这一点,他觉得"农苦寡而游食者众",国家就要陷于贫弱和危险的境地,如果"境内之民皆事商贾,为技艺",逃避农业生产,离亡国就不远了。商鞅认为要足食足兵,必须增加农业人口,让农民安于生产,不从事末业;而要使农民不弃本逐末,又必须抑制商人的活动,防止商人过分的剥削农民、诱使农民脱离生产或迫使农民失去生产的条件。随着时代的演进,商鞅对待商人的抑制态度比他的前辈李悝更为明确、更为坚决了。

七 商鞅在秦变法中的重农抑商政策

3 抑商政策的主要内容

从商鞅后学整理的《商君书》可以看出,商鞅抑商的办法是很多的。除了颁布禁止农民弃本逐末"令商贾技巧之人无繁"的法令以外,还从各方面给商人以限制。在劳役上,他特别加重商贾的劳役负担,以造成商劳农逸的形势,而且对商人家庭实行按口服役,限制他们多用家奴。对于关市之征,他和儒家"关市讥而不征"的观点完全相反,主张"重关市之赋","不农之征必多,市利之租必重"。一方面加重关市之税,以限制商人的活动,并防止农民跑买卖,一方面提高某些商品如酒肉的税收,十倍于本,使商人的利润大部分转入国家之手。对于山泽之利,商鞅主张由国家控制生产("一山泽"),使劳动力不务农无以为生;并控制流通,使商人不能从中获取厚利。一般产品征收重税;盐铁更从流通到生产全由国家掌握,设官管理。但是对官府自己的工商业,商鞅也竭力限制从业人数,以节约费用和劳力开支。在粮食贸易上,商鞅同样不遗余力地排挤私商,他主张由国家提高价格来收购农民的余粮,使"商无得籴,农无得粜","食贵,籴食不利","而又加重征",商贾就无利可图,只好放弃经营,农民也就不会去弃农经商。粮食价格提高还可以增加农民的收入,刺激农业生产的发展,也是重农之一法。

能做到令出必行的商鞅,其重农抑商政策和其他一系列的改革，在秦国收到了显著效果：直接从事农业的人口增加了，农业生产发展了，政府财政收入充裕了，国家实力增强了，从而奠定了以后统一中国的基础。

商鞅变法是在剧烈的斗争中进行的。旧贵族千方百计地反抗，嗾使太子违法，故意给商鞅制造困难，商鞅对太子的师傅施以刑法，新法才得以坚持推行。商鞅在秦主持变法共19年，因功高，官拜相国兼将军。秦孝公以於、商之地15邑作为他的封地，号为"商君"。公元前338年，孝公死，太子继位，是为惠文王，旧贵族即乘机起来报复，商鞅竟遭车裂而惨死。商鞅虽死，已在秦国生根的新法终不能废。中间虽有吕不韦（商人出身）当政时贬抑商鞅，高抬富商，一度出现改变政策方面的小插曲，但在崇尚商鞅思想的秦王嬴政（统一六国后称"始皇帝"）亲政后，即放逐了吕不韦，更加大力度推行重农抑商政策，并对抑商又增加新的内容（如逼迁外地，谪发戍边），给原有六国的富商大贾以一次最沉重的打击。

4 抑商政策的意义和影响

在领主制向地主制过渡的阶段，自由商人为打破各领邑贵族重征关税、封闭道路的桎梏，曾和新兴地主相互联合，一起反对旧领主。地主制的形成为自由商人的发展开辟了道路。到封建地主制确立以后，富商大贾挤入统治阶级之列，其中经分化而转化为保守的一翼，肆意掠夺农民，影响农业生产，同当权的地主阶级的利益发生了抵触，这样商人就不可避免地要受到新兴地主阶级专政的国家的抑制。自由商人从兴起到被抑制，这是历史发展的一个辩证过程。《管子》中的"欲杀商贾之民"已有抑商的思想，但未能付诸实施；李悝的平籴法是抑商的一种措施，但未成体系，在其身后即被取消。真正将重农与抑商结合形成一套完整的制度来实行的则始自商鞅。抑商政策出发点诚然是为了保证封建国家的财源和兵源，但确实也在一定程度上调整了农业和商业的关系，有利于促进当时农业生产的发展。就当时的条件来看，这种政策是符合历史发展规律、符合人民群众愿望的。从政策思想上说，抑商政策是一种经济干涉主义思想的产物——国家干预经济，工商业重新以官营为主，而六国则实行经济自由放任，工商业主要都让给了私人。六国的工商业发展程度即使超过秦国，但政治上多头，经济上分散，私肥于公，反而敌不过政治上统一、经济上集中的国富兵强的秦国，这里面的奥秘是很值得玩味的。

尽管商鞅抑商抑到相当激烈的程度，但他并非要取消商业，对商业的客观作用也并不是一笔抹杀的。他承认"农辟地，商致物"，"农商官三者，国之常食官也"，"农贫、商贫、官贫，必削"。抑商是抑制富商大贾不合法度地任意兼并农民，要把商业资本的活动限制在一定的范围之中，即不触动封建统治者根本利益的范围之内。抑商是抑制小商贩人数的过多增加，要把社会上从事商业的人数限制在一定的范围之内，即不影响农业生产这个封建经济基础的范围之内。在抑制私商的同时，官府的商业仍有很大的发展，被允许经营的、进入市列的、编入市籍的必要的私营商业在当时还是有所发展的。如商鞅的统一度量衡就是为了便于商品的正常交换而设。至于那些为统治阶级服务、罗致四方珍异的外来商人的贩运贸易更是受到优惠，官府对之不收关税，这就与对国内商人的重关市之税不同，秦统一六国后，情况还是如此。

商鞅的抑商政策在中国历史上影响深远。在许多朝代为抑制富商大贾势力的过分膨胀，有作为的理财家采取的发展官营商业、限制私营商业的做法和商品专卖专利的政策，在思想上都和商鞅有渊源。只是越到后来抑制大商人的劲头时时萎缩，商品的专卖制度也由官府专利变为官、商分利，事实上这部分内容的抑商政策在封建社会后期实施的机会已很少，终至弃而不用。只有抑制中小商人，为阻遏农民弃农经商之风，而规定的贬低中小商贩社会地位和限制其生活享受的做法，在整个封建社会倒是一以贯之，并未衰歇。尤其是饱经战乱的新王朝初建之时，为了恢复粮食生产，增加农村劳力，防止弃农经商，而实行抑制中小商人的政策，在历史上更是屡见不鲜。笼统说抑商政策始终在封建社会实行，而妨碍了商品经济的发展和社会的前进，并不合乎历史事实。

八 文景的经济放任，汉武的经济干预

汉代兴起（公元前206年至公元25年是为西汉），国家重新统一，政府实行休养生息，放宽政策。在战乱以后，农业、手工业生产和商业贸易又较快地恢复并发展起来。汉初虽然为抑制弃农经商、发展粮食生产，对中小商人曾发布了"贱商令"，但对大商人却很宽容。为了收揽人心，争取六国时曾占山泽工商之利的那部分反秦反项势力的支持，刘邦以开放铸钱和取消盐铁专卖作为"约法者禁"，废除秦法的重要举措。这样，商业资本就在山泽无禁、关讥不征的良好环境中有了迅速生长的机会。

1 "无为"政治下富商大贾势力的膨胀

高祖死后，吕后当政，接着文帝、景帝继位，这时在统治集团里黄老思想占了上风。吕后时"复弛商贾之律"，不再限制商人衣丝乘马。景帝时更有意放松有市籍商人子弟不得"仕宦为吏"的禁令。对大商人基本上仍下放盐、铁、铸钱三大利。当时统治者的口头禅是"无为",就是听其自然,自由放任,国家不加干预。让人们自己去为"利"奔忙,"各劝其业,乐其事,若水之趋下,日夜无休时,不召自来,不求而民出之"。在信奉黄老哲学的经济放任主义者看来,由官府直接铸钱、经营工商业,这叫做"与民争利",是最要不得的。所以即使钱币放铸、盐铁私营其弊日显,在几十年中基本上也是因循未革。"以虚无为本,因循为用",崇尚黄老的统治者,已由无为而流于保守了。

在政治上贾人不得为吏的规定已成一纸空文。对家无市籍的富商大贾的子弟成为吏以至做官更是没有了障碍;即使大商人家有市籍,也能"因其富厚,交通王侯",夤缘际会为其子弟在官场图个出身。惠帝时开始卖爵,文帝时更实行"入粟拜爵"。有钱有粮的商人可以买到爵位,按爵级高低获得免除终身徭役以至免罪免死的特权和选以为吏的资格。正如晁错所说的"今法律贱商人,商人已富贵矣"。

无为放任,一方面虽然刺激了生产的增加,财富的丰殖,另一方面则扩大了贫富之间的悬殊,在"高下相倾",以富役贫的过程中商人们正扮演着重要的角色。许多"为富不仁"的商人恃财骄溢造成越来越严重的社会问题。这些人"侈靡相竞",不受制度礼法的约束。他们"乘坚策肥,履丝曳缟","衣必文采,食必粱肉","操其奇赢,日游都市","千里游遨,冠盖相望"。临邛大铁商卓氏"田池射猎之乐拟于人君"。

由于淫侈之俗不断发展，社会财富受到很大损耗，这是问题之一。问题之二是富商大贾通过严重的不等价交换和高利贷盘剥农民。趁农民危难之际（灾荒、疾病、死丧等），等着用钱之时，半价收买他们急于脱售的产品，对没有产品出售的，放给高利贷，收加倍的利息，到期还不清债，农民只好"卖田宅，鬻（音yù）子孙"了。就这样自耕小农的小块土地一批批地被商人兼并而去。而商人却称兼并土地为"以末致财，用本守之"，自以为得计。文帝中期以后，兼并之风日炽。到武帝即位时，由于"网疏而民（豪民）富"，"并兼豪党之徒，以武断于乡曲"，那样的商人地主已"不可胜数"了。

面对富商大贾的淫侈、兼并，有识之士如贾谊、晁错不断向皇帝进言，但未能采取相应的有效对策。到汉武帝元狩年间，随着矛盾的发展，汉廷终于改"无为"为"有为"，果断地实行以抑制富商大贾这股豪强兼并势力为主要内容的一系列的富有经济干预色彩的新财政经济政策。

② 汉武帝任用桑弘羊推行新的财经政策

汉武帝改变政策的近因是为了筹措军费，支持抗击匈奴的战争。自从元光六年（公元前129年）结束对匈奴软弱求和、被动挨打的局面，决定进行自卫反击以来，"兵连而不解"，费用支出浩繁，财政出现危机。而"富商大贾转毂（音 gǔ）百数，废居居邑（囤积居奇），封君皆低首仰给，冶铸煮盐，财或累万金"，却袖手旁观，"而不佐国之急"，坐视"黎民重困"。要在不增加农民负担的前提下，解决财政困难，只有在富商大贾身上想办法。为此，汉武帝君臣协力推出了许多新的政策措施。除了由张汤主持，实行算缗、告缗法（征收财产税，检举匿税者）以外，主要就是由桑弘羊倡议并积极推行的一整套发展官营工商业的政策，由此收回了私营商业对重要商品的经营权，这是汉武帝新财经政策中的治本之法。

桑弘羊（公元前153~前80年），出身于素有经商传统的洛阳的一个富商家庭里，从小爱读"商（商鞅）管（管子）之书"，信奉法家学说，又对其先辈白圭的经商之道颇有了解。13岁通过"赀选"制度入宫，由郎（皇帝侍从）而加"侍中"荣衔。他很有数学天才，不用算筹，就能心算，在近侍们中深得武帝信任，为帮助解决财政问题替皇帝出谋划策。元鼎二年（公元前115年），桑弘羊39岁时正式出任政府的财政副长官（大农中丞），以后一直以代理或正式的财政长官（大司农）的身份，实际领导全国的财经工作，取得了出色的成绩。汉武帝一代的文治武功就是以桑弘羊理财后充裕的财政经济收入为基础的。

3 盐铁专卖是新财经政策的核心

盐铁专卖是由桑弘羊建议于元狩三年（公元前120

年)开始实施的,盐的专卖采取民制官收的做法,招募平民自备生活和生产费用去煮盐,官府供给煮盐的铁锅(盆)。煮成的盐由官府按盆给以工价("牢"),全部收归官有,由官府出售。铁矿的开采、冶炼,铁器的铸造,则是由官吏指挥"徒"(有一定年限、罚作苦工的罪人)、"卒"(一年轮流服役一个月的民伕)来从事生产和运输,还有一部分工匠作技术指导,以及一部分"工巧奴"干技术活。铁器也全归官府所有,由官府统一运销。任何人都不得私自煮盐铸铁,违者要受到"钛(音 tai)左趾"(左脚带六斤重的铁锁)的刑罚,作为刑役,剥夺政治权利(有时要戍边),工具和生产物都没收入官。为管理盐铁专卖,政府在产地设置盐官和铁官,不产铁的地方设小铁官,属所在县管,回收废铁重铸。原诸侯王封国产盐铁的主要地区,同样设盐、铁官管理,盐铁之利收归中央。原先山泽之利归皇帝私用,实行专卖后统归政府财政部门(大农)管,以支持军国之用。

4 创行均输、平准和酒类专卖

桑弘羊推行的新财经政策中的又一重大措施,是倡议实施均输法和与之相结合的平准法。

均输法就是官府利用各地的贡赋收入作底本,进行某些大宗商品的地区间远程贩运贸易,以调剂物资余缺的一种经营方式。元鼎二年(公元前115年)试办,5年以后在全国普遍推广。规定把郡国应缴贡物连同运费所抵充的财政上缴额，按照当地正常的市价，折合成一定数量的、当地出产的土特产品（原先的贡物，或另折他物）。这些产品是过去商人所一向贩运出境的物品；郡国只要就地缴给均输官即可。均输官将所收土特产品运往需要这些物资的其他地区去出售。除了一些体小、价高、质优、轻便易输的，或虽不便于运输而为军国所需的物资，尚有部分要上贡京师长安外，其余都不必远程运京。这样做，省却郡国为运输所支付的劳费，解决了过去实物贡输时因距离远近有别而使输送劳逸不均的问题，故名之曰"均输"。同时，把贡物商品化了，当地丰饶的土产品价格一定较廉，折收数量一定很多，运往缺乏地方去卖，价格一定很高。这样官府在调剂地区间物资余缺的同时，便可从土特产品的辗转贸易中获得巨额利润。实行均输后，由均输官出钱雇工，组织运输，省了过去向农民征用车船、征发徭役参加长途运输，使农民的负担有所减轻。全面推广均输法后，均输官分布普遍，其所在地区产品单一者即以主要产品名称来命名，如橘官、木官、湖官、牧师官等。西汉政府通过十几个大农部丞（专使）分片领导均输官和盐铁官，在全国建立了一个官营商业的网络。

平准法就是由官府来吞吐物资，平抑物价。元封元年（公元前110年），在全面推广均输法时，由桑弘羊奏请，"置平准于京师，都受天下委输"。各地运来京的贡物，均输官自办本钱收购的物资运往京师的部分，大农诸官所掌握的物资，以及官手工业制造的器物、织物的商品部分，都储存在这个叫"平准"的机构里。当长安市场上某种商品价格上涨，平准即以较低价格出售；反之，某种商品价格过贱，就由平准收买，使物价保持在一个稳定的水平上。物价稳定对政府、人民、商人正常的经营都是有好处的。桑弘羊继其改革币制，推行轻重适中、保质保量的五铢钱法，以保持币值稳定之后，接着又推出力求保持物价稳定的平准法，扭转各官营商业机构竞相抢购物资和私商投机倒把引起物价上涨的局面，这是十分适时的。平准购销差价较小，以平抑物价为目的，主要不在赢利。均输的地区差价较大，这才是于盐铁专卖以外获得巨额利润的又一重要来源。

盐铁官营，均输、平准都排挤了私营工商业（盐铁商、批发贩运商、零售市场的投机商），在一定程度上起到抑制兼并、摧锄豪强的作用。而官府从盐铁均输中大大增加了财政收入。依仗雄厚的财力、物力，关中等地水利工程纷纷完工，齐赵等地自然灾荒安然度过，北方防御加强，沿边保持了安宁。对桑弘羊理财的成效，武帝大加褒奖，"赐爵左庶长，黄金再百斤焉"。连主张无为放任的司马迁也不得不承认桑弘羊是做到了"民不益赋而天下用饶"。

在武帝后期，桑弘羊理财又添了一项新措施，即实行酒类专卖，从天汉三年（公元前98年）起实行。当时正值对大宛用兵，国力转虚。为保证北拒匈奴、西联西域方针的继续贯彻，在别人建议向农民征收30钱"助边费"时，桑弘羊独持异议，"请建酒榷以赡边,给战士。"酒榷即榷酤,后世所称的酒类专卖,是由官府控制酒的生产和流通,实行官酿官卖,不准私人酿酤。具体事务委托地方的榷酤官办,利润作为中央的收入。这等于向有钱人多征收一笔消费税,而不过分影响一般人的生活,比对盐铁那样的必需品实行专卖更有理由。

5. 桑弘羊思想的继承、创新和影响

桑弘羊实行盐铁专卖是学了商鞅、管仲,但盐仍由民制,不同于商鞅,铁由官制,则不同于管仲;平准法是受李悝平籴法的影响,但由粮食扩大到多种商品。均输和榷酤则是桑弘羊独出心裁,并无前人可资依傍的重大创新。

在经济思想上,桑弘羊十分重视商业的作用,他提出"农商交易,以利本末"的口号,主张要"开本末之途,通有无之用",使"农商工师各得所欲"。他的属官也说他筹划计算之所致是"民不困乏,本末并利",他已由商鞅的重本抑末发展到"本末并利"、农商皆重了。他的抑商是抑私商,抑富商大贾,抑弃农经商;但又重商,重视官营商业的发展,重视商业的客观职能,使抑商和重商达到了矛盾的统一,认识比较全面。当时由于受轻视劳动观念,鄙视中小商人低贱地位的等级观念和儒家贵义贱利伦理观念的影响日益加深,社会上的轻商思想已很严重,桑弘羊的重商思想,正确评估商业客观职能的论述,不仅是对轻商

思想的有力反驳，也是对商鞅重农抑商政策思想的修正和补充。

桑弘羊的经济政策和思想对后世影响很大：食盐专卖、均输平准、榷酤，在许多朝代都不同程度地被采用过。他的货币制度也为后世所遵循（桑弘羊以后的700多年，是中国历史上的"五铢钱系统"的时期），其保持币值稳定、物价稳定的稳健的财政货币政策思想是中国古代经济思想中的精华部分。在汉以后，不少理财家和政治家，都对桑弘羊这位前辈十分仰慕。唐刘晏自称要学"弘羊兴利"；宋王安石说"摧抑兼并，均济贫乏，变通天下之财，后世唯桑弘羊，刘晏粗合此意"。还有一些人则阳讳其名而明用其实。在中国历史上，是桑弘羊把国家对经济的调节作用、管理功能发挥到一个前所未有的高度，无可争议，他是西汉以至整个封建时代的一位杰出的大理财家。

九　张骞通西域与丝绸之路

汉武帝对外政策的基点是北拒匈奴、西联西域。在这一基本政策的影响下，由东方及于西方，演出了一幕幕历史活剧。从张骞通西域到丝绸之路的开辟，就是精彩的、有连续性的压台剧目。

1. 通西域的由来

匈奴是战国后期崛起，处在奴隶制初期阶段的、好战的游牧民族。西汉初控制中国东北、北部和西部广大土地，常侵扰燕、代等地，使汉朝北边的农业生产和人民生活遭受严重破坏。武帝中期进行大规模的反击，才迫使匈奴势力退出河西走廊，打开了内地与西域的交通。在这以前，武帝方欲制匈奴，听说被匈奴所破的月氏（原居敦煌、祁连间）常怨恨匈奴，于是决定派出使者，联络月氏，寻求合作，共同对付匈奴。建中初，汉中人张骞（？～公元前114年）应募前往，同行者有堂邑氏甘父等百余人。俱出陇西，途经匈奴占领地时被俘，拘留在匈奴10余年，娶妻生子,然张骞始终秉持汉节不失。后趁匈奴防备益宽之机,与其下属向月氏方向逃亡。西走数十日至大宛(今费尔干纳)。大宛听说汉很富饶,想与汉保持友好,所以见到张骞很高兴,并派翻译送张骞等抵康居(今锡尔河、阿姆河下游),再转送至大月氏西迁后的新定居地妫水(今阿姆河流域中部)。当时大月氏王已被匈奴所杀,其子为王,又统领了大夏,所居之处"地肥饶,少寇,志安乐,又自以远汉",所以无回去报复匈奴之心。张骞至大夏,停留一年多才返回。在归途中,张骞改从南道,依傍南山,企图避免被匈奴发现,但仍为匈奴所得,又被拘留一年多。元朔三年(公元前126年)匈奴国中内乱,张骞与妻(匈奴人)及从人堂邑父乘机逃亡归汉。武帝给张骞、堂邑父二人都封了官,史称张骞"为人强力,宽大信人,蛮夷爱之。堂邑父故胡(匈奴)人,善射,穷急射禽兽给食"。张骞把亲身所至的大宛、月氏、大夏、康居及其旁五六个大国的情况都向武帝作了汇报,引起了武帝通西域(指新疆地区)、中亚诸国"致殊俗",使"威德偏于四海"的浓厚兴趣。

元朔六年(公元前123年),张骞以校尉随大将军卫青北伐匈奴,"知水草处,军得以不乏"。因其有功,武帝"封骞为博望侯"。后因行军失期,被免为庶人,但武帝仍数问张骞有关大夏等国的情况。张骞进言:匈奴西边有一国名乌孙(今哈萨克人即乌孙之后),其王昆莫幼为匈奴收养,与匈奴结盟,然因其父为匈奴所杀,又与匈奴有仇。若联合乌孙,使其东迁居河西走廊之地，与汉结为兄弟，这等于"断匈奴右臂"。联合乌孙后，又可笼络其西大夏之属，使为外臣。武帝以为然，拜骞为中郎将，率将士300人，每人备马二匹，并带牛羊以万数，金币丝帛值数千巨万，并配备不少持节副使，以便相机出使其他国家。张骞这次出使西域与上次气氛完全不同，他肩负着落实汉廷西联西域、北制匈奴的战略部署的重任，已是西汉外交界的重要人物了。

由于乌孙王昆莫年老，其子、孙争位，国分为三，未能说服其东归。乌孙遣使数十人，马数十匹报谢，来窥汉之虚实。与此同时，张骞分遣副使出使大宛、康居、月氏、大夏、安息（伊朗）、身毒（印度）诸国。元鼎二年（公元前115年）张骞还，拜为大行（主管外交），列于九卿。翌年，卒。

② 双重使命的西行使者

乌孙王所遣随张骞到长安的使者回去后向各国宣传中国的广大富庶。"西北始通于汉矣"。乌孙向汉献了良马。元封六年（公元前105年），汉以江都王女细君为翁主，嫁给乌孙王，双方关系友好，把匈奴的一个最大的盟国争取过来。乌孙既不愿东归，西汉政府遂决定自己在河西走廊设郡（武威、酒泉、张掖、敦煌四郡），并在酒泉到玉门关沿途设置亭障，以保护去西域的通道。汉方经常派使者去西域，并经西域到中亚各国，一年有五六起或十几起，人数多者几百人，少者百余人，远者八九岁，近者数岁而及。汉所以能通西域，由张骞创立首功。因张骞在西域有威信，后来汉所遣使多称博望侯以取信于诸国。

武帝派出通西域的使者实际上担负着政治联系和物资交流的双重使命。接着汉族商人也参加和西域、中亚的交往，他们有的是应募出使，有的是随军吏同行。西域和中亚的商人同样随使者来到长安要求通商。长安藁（音gǎo）街设有专门的邸舍招待西来的人们。武帝西伐大宛后，进一步控制了西域。自敦煌西至盐泽，处处建起亭障，在轮台、渠犁，各有屯田卒数百人，置使者校尉护领。这是西汉政府在西域设置行政机构的开始。往来使者和商人得到食宿供应，并受到保护。断匈奴右臂，通西域商路，这个目的初步达到。通西域不仅出于政治上、军事上的考虑，经济上、商业上的需要也是一个很大的动力。

当时，西汉辖区内的商品经济已有一定的发展，许多手工业制品和土特产品产量大，要求打开销路；而在国内市场上由官营商业占主要地位，私人商业资本也不得不向境外去寻找出路。尤其是中国的丝和丝织品在战国时就已成世界著名的特产，西汉时丝织业更加发达，技术水平高超，从染色到花纹无不精美绝伦。商品性的私人丝织作坊已在城市中兴起；规模宏大的官营织坊有很大部分产品要作为商品出售；官府通过均输的征收和收购掌握了大量缯帛，更增加了商品的来源。所以丝织品和生丝就成了西汉方面用以出口的王牌商品。可以说，经营可供出口的以丝织物为主的诸多商品的工商业者，是支持汉武帝"勤远略"的政策的。掌权的官僚地主们，不少人也往往托使者带了币帛，顺便到国外去替他们换取"殊方异物"，他们也是武帝对外政策的支持者。另一方面，西域、中亚各国与汉通使，更是以通商为其主要目的。安息、大夏素有善贾、远贾的传统；罽（音jì）宾（今阿富汗首都喀布尔）"奉献者皆行贾贱人，欲通货市买，以献为名"，所谓的"贡献"、"赏赐"即包括了商品交换的内容。就这样，中原与西域的民族贸易、中国与中亚以至更远国家的对外贸易就一年盛于一年地开展起来。中国的对外贸易实以西汉中叶为奠基时期。

3　丝绸之路的开辟

西汉时期，从长安经西域各小国，以达中亚、西欧的商路有两条。一条是西出阳关（敦煌西南），沿昆仑山北麓（沙漠以南），经楼兰（罗布泊西北）、于阗（和田）等南道诸国，到莎车，越葱岭（帕米尔）南部西去，可到月氏、大夏、安息诸国，再往西行可到条支（伊拉克境内）、大秦（罗马帝国地中海东部一带），称"南道"。另一条是出玉门关（敦煌西北），沿天山南麓（沙漠以北），经车师（吐鲁番西北）、龟兹（库车）等北道诸国，到疏勒（今喀什），越葱岭西北，可到大宛、康居、奄蔡（里海与咸海北部草原）诸国，再往西可到大秦，称"北道"。经南道，输出的商品主要是丝和丝织品，所以誉之为"丝绸之路"；

而由北道输入的货物，以奄蔡及其东北等地盛产的貂皮为大宗，所以称之为"皮毛路"。这两条商路是中国和西方交通的要道，尤以丝绸之路更为有名。这条长达数千公里，蜿蜒于崇山、荒野、大漠、高原之间的丝绸之路，对于发展中国各族人民、中外各国人民之间的经济联系和文化交往，在长时间里起着很大的作用。

汉武帝西联西域，不仅是为了北制匈奴，从政治上军事上与之做斗争，而且也有其经济上的原因。原来在丝绸的对外贸易中，匈奴总是硬插一手。过去匈奴通过和亲互市，从汉方取得大量的丝织品，大都不是为了自己穿用的，因游牧骑射不宜穿着丝绸衣服。和亲的赐予虽然无偿，但在互市中"中国一端之缦，得匈奴累金之物"，却是支付高代价的。匈奴之所以甘出重价购进这种并不实用的东西，目的就是为了要向西方转售获利。从西域到中亚这条商路原先掌握在匈奴手里，西汉直接通了西域和中亚，把匈奴从丝绸贸易中排挤出去，既挽回了自己的利权，又使匈奴大受损失，大大地削弱了它的经济力量，其中有很深的意义。当然匈奴极不甘心失去中国丝绸头道贸易的垄断权，几次用武力同汉方争夺从西域通往中亚的商路，汉方则千方百计开辟并捍卫这条商路，终于保住了自己的控制权，摆脱了匈奴这个多余的环节，得以比较轻便地同中亚各国打交道，发展了以丝绸为主的出口贸易。

通过这来之不易的商路，中国的丝织品、漆器、铁器等源源输往西方，其中丝和丝织品更占突出地位。轻柔光亮、华丽美观的丝织物深受西方人欢迎，贵族之家一改以羊毛、亚麻织物为服饰的习惯，而以衣锦穿绣为风尚。经中间商人（安息）之手远征大秦的中国丝绸，一两丝与一两黄金同价。大秦把中国称为"丝国"，对东方充满着美好的憧憬和向往。从中亚、西亚输入中国的毛皮和毛织品也为中国人所喜爱。长安等大城市里，出现了"狐貉裘千皮"和"毡席千具"的店铺，这种商品价格昂贵，但在贵族家里已是常见之物。

中西商路又是中外经济文化交往的重要管道。大宛等地的良种马（"天马"）、孔雀、犀牛，都不远万里来到中国，繁殖其后代；中亚的石榴、葡萄、核桃、芝麻、苜蓿等也随之传入中国，在此生根、开花、结果。中国的凿井术和炼钢术则经由中西商路传到中亚。中国良好的国际影响扩大到远方。中华民族以其卓越的劳动产品和发明创造，为世界文明做出了贡献。

十　霍光集团：两汉官僚、地主、商人三位一体的始作俑者

盐铁、均输、平准、酒榷等政策收夺了富商大贾以及与经商有联系（如酒）的地主官僚贵族的经济利益，引起他们的反对是自然之事。汉武帝在位时斗争已很剧烈，武帝身后反对者的活动更进入高潮。

1 盐铁会议后霍氏豪族集团的暴起

后元二年（公元前87年）二月，汉武帝临终托孤，任命桑弘羊为御史大夫（副丞相），同大司马、大将军、领尚书事霍光，丞相田千秋，太仆上官桀，驸马都尉金日磾一起为顾命大臣，辅助8岁幼子刘弗陵即位，是为昭帝。霍光十分专横，政事都要一决于己，田千秋是挂名的丞相，金日磾翌年即死。霍光一心想实行外戚专政（昭帝后是霍光的外孙女），不能容忍与之分权的上官桀与桑弘羊，尤其是据财政权要地位的桑弘羊。他对桑弘羊管得太严、统得太多的经

济政策并不完全赞同,因为这对霍家网罗商利、增殖财富是一个障碍。为了扩大自己的权势,排挤桑弘羊,霍光在昭帝始元六年(公元前81年)召集各地的地主、商人的舆论代表60多人——"贤良文学",到长安开会,检讨武帝时代的财经政策和内政外交方面的政策。这就是历史上有名的盐铁会议。贤良文学都是儒家者流,他们的思想自成体系主张放任经济而反对国家干预经济的政策,他们是受"困挠公利,而欲擅山泽"的豪民的委托来充当炮筒子的。在会上,全盘否定了盐铁、均输、平准、酒榷等政策,要政府"退财利",无争不禁,让民(豪民)自富、自便。桑弘羊则严词答辩,从抑制兼并、防止割据、抵制匈奴侵扰、巩固国家统一、加强中央集权制的经济基础等多方面的意义上来说明实行这些政策的理由。盐铁会议交织着错综复杂的矛盾:在经济上是朝廷与豪民的明争,在政治上是霍光幕后操纵,向桑弘羊发起的进攻。由于霍光的压力,再加桑弘羊自己也想减轻一下地主豪家对他的仇视,所以作了让步,在会议结束前奏请撤销关内的铁官,允许京师一带的官僚贵戚私人鼓铸铁器,并取消郡国的酒榷官,允许各地的地主商人私人酿酒卖酒,实行征税制。武帝时的政策局部作了调整。

但霍光并不以此为满足。在盐铁会议的下一年又以与上官杰通同谋反的罪名杀了为西汉政府理财40多年的桑弘羊。桑死后,盐铁均输政策因关系到政府的财政收入,霍光不能不将其保留下来,但这个由暴发户向新的豪族转化的霍光，在行"宽和"之政，"顺天心，悦民意"的口号下，大大淡化了武帝时政策的摧抑豪强、排挤大商的色彩，以换取那部分势力的支持，使"天下归心，遂以无事"。到昭帝末年，武帝时遭到沉重打击的富商大贾元气已很快恢复。

当然对霍光更重要的事是利用政策放松的机会，插足补空，化公为私，从中大大发展自己家族的利益。在昭帝早死，册立宣帝，以其外孙女为皇太后（霍光妻毒死原来的许后）的一步步的策划下，外戚霍家已成为"一门侯者五人，关内侯八人"的天下第一豪门。他"广治第室"，"骄侈纵横"，显贵已极。在其故乡平阳，霍家"奴客持刀兵入市斗变，吏不能禁"。霍家的经济势力与政治势力同步膨胀。霍光本人不把公田直接"假"与贫民，而是多多地霸占在自己手里，用高租额转赁出去。霍光的儿子博陆侯霍禹，私人经营屠宰业，并且卖酒。酒这个商品在盐铁会议以前犹如设下了独木桥（榷），是只许官独过，不许私人并行的。霍光的心腹张安世，"尊为公侯，食邑万户"，"内治产业，累积纤细"，并役使"皆有手技作事"的家僮700人，从事手工业，"是以能殖其货"。大官僚、大地主、大商人的三位一体，正是先在霍氏集团中开始出现，而在武帝时"禁兼并之途"，不准"食禄之家兼取小民之利"，不准官商分利（张安世之父张汤即因有和私商勾结之嫌，而被迫自杀），这种情况自霍光专政后即完全改变。

西汉后期的亦官亦商，官商合流

宣帝即位，一直如芒刺在背，在霍光死后的第三年即诛灭霍氏家族，并改霍光时的做法，武帝的功业重新得到表彰。与桑弘羊属同类人物的财政副大臣耿寿昌得到信任，倡议在边郡实行"常平仓法"，与李悝的平籴、桑弘羊的平准精神一致。可是这种局面不长，元帝继位，改变了武帝、宣帝"内法外儒"的汉家制度，纯奉权力下放、不与民（豪民）争利的儒家学说，废除了常平仓法，还一度取消了盐铁专卖（因用度不足，3年后又恢复）。元帝时官僚经商、官商勾结又日益盛行。贡禹奏请近臣自诸曹侍中以上家无得私贩卖，可见官僚们已在大营商贾之利。成帝时更出现了丞相张禹这个"内殖货财"，"多买田至四百顷"的大官僚兼大地主、大商人。成帝时筑昌陵，贵戚近臣子弟竞相辜榷为奸（采买官府所需之物时包揽生意，独占其利），获得暴利数千万。哀帝时，外戚曲阳侯王根在京师造大第宅，宅内立两市，公开地自营商业。亦官亦商的豪强势力比之霍光时又有变本加厉的发展。

由西汉中期的官府抑商变为西汉后期的官商合流，表明了向保守腐朽方向日益转化的皇权已与豪强势力握手言欢。实际上皇权渐衰，大权已旁落于一茬茬新产生的大地主、大商人豪强势力的政治代表——外戚之手。这个皇权与豪权的联合政权向农民进行杀鸡取卵式的剥削，终于激化了社会矛盾，燃起了反抗的烈火。豪族势力——王莽为代表，虽足以踢开刘氏而君临天下，亦被农民起义所推翻，历史遂由西汉转入东汉（公元 25～220 年）。

3 东汉时地主、官僚、商人的三结合

东汉政权自始至终是豪强势力占上风，本质上是西汉后期官僚、地主、豪商重新结合的延续。光武帝刘秀原是南阳兼营商业的大地主，王莽末年趁饥荒以高价出售粮食赚了大钱。劝刘秀起事的李通也是南阳"世以货殖著姓名"的商人地主。皇后郭氏田宅财产数百万，其家号称"金穴"。母舅南阳人樊宏，"世善农稼，好货殖"，每年放债达几百万钱，有田三百多顷，六畜竹木，梨果桑麻，自制器物，闭门成市。东汉政权自建立的第一天起，就表现出地主、商人强烈的豪强兼并性。盐铁等征税，不专卖，均输作罢，常平变质（"外有利民之名，内实侵刻百姓，豪右因缘为奸，小民不得其平"），经济放任政策占主导地位，商人地主势力迅速发展。

东汉时的商人、地主、官僚三位一体者有两种类型：一种是由大官僚、大地主兼搞商业，西汉后期至东汉前期这种情况有所发展。起初，外戚、功臣为其头面人物；继而官僚士大夫独立成为一种势力，三位一体者中间即以"士族"为新的政治代表。另一种类型是由大商人兼并土地，再打破身份低贱、不得仕宦

的限制，钻营官职，而跃为大商人、大地主兼大官僚，其政治靠山是朝中掌权的宦官，"贿赂太监取得显位"（有时皇帝如安帝、桓帝、灵帝也都出价卖官）。宦官对反对他们的官僚士大夫大搞"党锢"，夺得的官职很多就让富商大贾去填补，商人地主做官的逐渐多了起来。

官僚、地主、商人或商人、地主、官僚是东汉社会最大的兼并者。他们贪得无厌地兼并土地，大批失去田宅以至人身自由的农民，沦为他们的"依附"或奴婢。农民们"父子低首，奴事富人，躬率妻孥，为之服役，历代为虏"，结果"犹不赡于衣食"。中国历史上自由农民的再度农奴化或奴隶化，这是社会的一大倒退。其中"豪人货殖"的商人地主，"连栋数百，膏田满野"，"船车贾贩，周于四方，废居积贮，满于都城。琦赂宝货巨室不能容，马牛羊豕山谷不能受"，由经商和占有土地而来的财富简直多得发胀。即使没有功名，没有官位，也"荣乐过于封君，势力侔于守令"。如混上一官半爵，那更是如虎添翼了。

4 东汉时的自给性田庄经济的发展

役使大量没有户口，附籍于主家的依附农民的地主，建立起一个个多种经营、自给自足的田庄，东汉初樊宏一家的田庄即是典型。东汉后期，随着土地、劳动力更多地集中于豪族私门，田庄经济已呈日益发展之势。如东汉末汝南士族大地主袁术的田庄至少有徒附三万余,庄内工匠齐全,号称"百工"。非士族的商人地主也往往是"奴婢千群,徒附万计"。建立在依附农民基础上的地主田庄,同西汉初大量扶植的五口之家、一家百亩的个体小农经济,完全是两种不同的生产模式。

广大的依附农民,不但在地主的田庄上进行繁重的生产劳动,服各种劳役,而且还要给田庄主当私兵。当时的田庄里,每当二三月或八九月,大地主们就纠集一部分精壮农民,按军事编制,"缮五兵,习战射","警设守备",再加招纳剑客、死士,组成一支支的私人武装。田庄周围筑起坞壁营堑,当不成春秋时的领邑主,也要当个在小的独立王国内武断一切的堡坞主。豪强集团隐瞒田亩,荫庇户口,逃避赋税,抗拒政府检查,他们控制的农民和土地越多,地方的分权倾向就越加重,中央集权的统治力量就越削弱。由役使徒附到组织家兵,从田庄主到堡坞主,兼并势力就上升为割据势力。这些拥有武装的坞主壁帅,实际上已是大大小小的地方割据者。田庄经济、堡坞经济,正是造成东汉末分裂割据的经济基础。三国初的军阀大混战,就是大地主、大商人、大官僚的具有强烈兼并性、割据性和破坏力的豪强集团之间的相互厮杀。

280年前桑弘羊在盐铁会议上曾担心:"放民于权利,罢盐铁以资暴强,遂其贪心,众邪群聚,私门成党,则强御日以不制,而并兼之徒奸形成矣!"取消盐铁专卖以后,豪强集团会"成奸伪之业,遂朋党之权",由兼并升级而进为割据,到这时都为无情的事实所证实了。

十一　从王戎卖李说到魏晋南北朝的自给性地主田庄

司马氏灭蜀、代魏、平吴，建立西晋政权（265～316年）。短暂的统一为商业的繁荣创造了条件，但统治者很快地变得荒淫奢侈，商业的发展又受到控制，并日趋畸形：奢侈性商业达到一个新的顶点；商业经营更多地为大官僚大地主所垄断，民间的正当的私营商人则备受轻视和排挤；官僚地主与商业的结合在西晋也达到一个新的"水平"。

大田庄主的经商活动

官僚地主所以多善经商，首先是由于他们作为大田庄主有一部分自给有余的产品要投入市场，自己经营，不借手于中间商人，赚的钱就更多，商业在很大程度上已成为田庄经济下剩余生产物的一种销售形式。其中一个突出的典型是号称竹林七贤之一的大官僚、大名士、大田庄主王戎。

王戎，山东临沂人，好清谈，累官至尚书令、司徒，尽管官位高、名声大，但好贾贪财也堪称一绝。史载此人"性好兴利，广收八方园田、水碓，周遍天下，积实聚钱，不知纪极。每自执牙筹昼夜算计，恒若不足"。家中有好李，恐怕买者得到好种，总是钻破李核，才让拿到市上出售。王戎卖李，千古奇谈！其挖空心思争取商利，比那些贪贾佞商又何尝稍逊！

像王戎那样推销自己田庄剩余产品的官僚地主在当时还不是少数。潘岳在《闲居赋序》中自己承认"灌园鬻蔬，供朝夕之膳；牧羊酤酪，俟伏腊之费"；"池沼足以渔钓，春税足以代耕"。卖蔬菜、羊酪、鲜鱼大有所得，用水碓替人舂米收入颇丰。在他背京溯洛、面郊后市的田庄里能出售的商品可真不少。还有那个拥有金谷园的石崇，有水碓三十余区，奴八百余人，"百道营生，积财如山"，各路买卖各种生意，他都经营，甚至在当荆州刺史时还劫夺外国使者和客商，大发横财，所以富得出奇。在与晋武帝舅父王恺斗富时，竟把对方二尺许的御赐珊瑚一下敲碎，而搬出六七个三四尺高的珊瑚还给王恺。

魏晋的田庄经济限制商品经济的正常发展

西晋官僚地主如此染指商利，其田庄又有如此多的物产可供出售，那么当时商业的发展是否超过了汉代呢？不是的，事情恰恰相反：西晋的商品流通规模是比不上汉代的。

田庄里需要出售的剩余生产物，固然要投入市场，但这只是一方面。另一方面地主田庄自给性很强，庄内所需的消费品大部分都可以自己生产，这就大大地减少了外购的商品数量，商品交换的范围因此而相应地变小。剩余的粮食、畜产品、自产粮食酿造的酒和为交换而生产的产品，如经济林木的产品和手工业品等，虽需向外推销，但不搞田庄，也同样会作为商品出售，并没有因此扩大商品交换的范围。很多本来是由商人来做的事，无非改由地主自己来做：派出舟车，行贾于四方，设有店肆，贸易于大邑，或于销售自产剩余产品的同时，兼搞地区间的贩运贸易，贩卖奇珍异物，换一双手来做生意，本来就有的商品量并未因此而增加。倒是地主除了自己不能生产的奢侈品和外地特产需向商人购买外，其他能自产者都不必仰仗市场，对商品的需求、市场的容量却是绝对地缩减的。田庄内农奴化、贫困化的依附农民，没有多少产品可出售，也没有多少余钱来购买商品，其商品量和购买力是小于西汉时的自耕农的。有的田庄连农民仅有的一点交易也要由地主来掌握，不许庄外商人插手，如收购农民所分到的产品，供应其所需的种子、食物；购进农民御寒用的絮帛，转卖给农民。这实属地主对农民的盘剥，仍是田庄范围内的自然经济，并不表示商品经济的活跃。闭门为市的自给性很强的田庄经济，在东汉后期日益发展，所以东汉的商业比不上西汉，实物经济开始抬头。

三国魏晋时期（220～280年），自给性田庄经济发展更快。这是因为日益贫困的农民更多地去依附田庄的豪族，在战乱中小户、族人无力自保者也更多地投靠于有武装力量的堡坞主，以求保护，田庄堡坞的体制就越加强固。而魏晋政府从法律上规定了按官位品级的"给客"制度、"荫客"制度更增加了其存在的合法性。大地主的田庄很大，除部分土地（离地主住宅较远，分布较零星分散）佃给农民耕种外，更多的、大片的土地则是利用廉价的、充裕的、有人身依附关系的劳动力进行生产的。当时铁犁较大（二牛抬杠），大地主才有能力掌握大犁和多量的耕牛，驱役大量的佣工（衣食客）、奴仆，"合耦田器"，来从事这种统一经营的、较大规模的生产，自耕小农反而无法与之竞争。这也是田庄经济一时得以发展的原因。

在战乱期间，有技艺的手工业者被俘被征，身份地位降低，不能自由生产、出售其制成品，"匠籍制度"已开其端。有势力的世家大族的田庄中，也占有部分流散的手工业者作为依附人口，为田庄制造工具、器具和兵器。这同独立经营的手工业比，也是生产关系的一个变化，也在相当程度上减少了商品交换的内容（出售产品、购买原料）。

西晋时，如潘岳的田庄出售东西虽不少，而自给性的产品更多。庄内"筑室种树，逍遥自得"，"陆摘紫房，水挂赪鲤"，竹、梨、柿、枣、李、桃、杏、梅、樱桃、石榴、葡萄、葱、韭、蒜、芋、堇、荠、蓼、荾、藿、葵、笋、姜，无不种植。石崇的田庄，有田十顷,羊三百只,鸡猪鹅鸭之类,众果竹梅药草之属,莫不毕备,又有鱼池、土窟。或赋诗于金谷,或张乐于椒屋,他们大量的多种多样的消费,很多不求于庄外。自给性很强的田庄经济的发展,加强了自然经济的地位,冲消了因自耕小农有某些增长而引起的扩大商品货币关系的趋势,再加手工业中依附关系的强化,更缩小了商品生产的范围。从多方面受到限制的西晋商业难有正常的增长,而只好"承魏氏奢侈刻弊之后",向奢侈品商业的方向畸形发展了。

3 东晋南北朝期间商业逆转的主要原因

贪鄙而无能的西晋统治集团,没有能保持较长时间的社会稳定。继皇室内部的"八王之乱"后,又导致了少数族入侵的"五胡乱华"。晋室南渡,建立东晋政权(317~420年),接着宋、齐、梁、陈迭相嬗递,是为南朝。在北方经"十六国"时期的战乱,由北魏统一,与南朝对峙,后北魏分裂为东魏和西魏,二魏又分别为北齐、北周所代。这些政权合称北朝。在东晋、十六国和南北朝的200多年中,战乱频繁,尤其是在北方,几经波折的商业前进的步子十分缓慢。在南方,战争相对较少,随着南方新开发地区农业和手工业有所发展,商业的发展比之北方相对地也就快一些。蚕丝有的地方一年可达几熟;茶作为新兴行业在江南兴起;东汉开始的造纸业有长足的进步,纸在市场上已渐次取代简帛了；瓷器中的青釉瓷大量生产行销，达到很高的质量水平；麻布产量增加，价格下跌，在国内市场上日用品，如米布绢绵纻鱼盐纸席竹木漆器铁器等也以较大规模在地区间流转。同时，海外贸易也开始兴起。尽管如此，商业的发展，即使在南方，也仍然是很受制约的。除了货币制度混乱，币值不稳，正常商品流通受到影响以外，很重要的原因仍然是自给性田庄经济给商业的发展设置了障碍。

在东晋南朝时，大土地所有制的田庄经济发展更快于三国和西晋之时。一个官僚地主往往有"部曲数百人，率以力田"，这类人员数目的增加，向来是影响商品经济发展的因素。著名的田庄，如刘宋时谢灵运（谢玄之孙）在始宁（今浙江上虞）的庄园，中有产香粳的水田，有产麻麦粟菽的陆田，有菜圃、果园和药圃。"北山二园，南山三苑"，"田连岗而盈畴，岭枕水而通阡"，"阡陌纵横，塍埒交径"，风景优美，物产丰富。同时期会稽大族孔灵符，除在本乡的田庄以外，还在永兴（浙江萧山）立墅，"周回三十三里，水陆地二百六十五顷，含带二山，又有果园九处"。规模较小的如梁时徐勉的田庄，也是"桃李茂密，桐竹成荫，塍陌交通，渠畎相属。渎中并饶菰蒋，湖里殊富菱莲"。在这些远离城市的大田庄里，"春秋有待，朝夕须资，既耕以饭，亦桑贸衣，艺菜当肴，采药救颓"，"百果备列，迎早候晚"。田庄主可以"谢工商与衡牧"，做到基本生活资料自给自足，吃不了、用不完则拿到市场上出售。田庄内生产的手工业品、冶制铜铁，除满足自用外也有部分出售。他们出售商品的增多，即意味着专业商人比重的退缩而已。

在北方，虽实行过均田制，扶植了一些小自耕农，大的田庄山泽主虽不如南方之多，但坞主壁帅以及有势力的士族地主经营田庄的也还不少。北周萧大圜，居舍有果园、花卉、蔬圃、粮田、桑麻田，牧羊养鸡，种菜制酒，奴耕婢织，这正是与南朝同类型田庄的写照。北方田庄主对农作物、手工业品以及经济作物的商业经营之非常注意，从贾思勰所编的《齐民要术》一书中即可知其梗概。地主不但经营田庄，而且自己经营商业，也同南方一样从流通中排挤了专业的商人。

在中国历史上地主有两种类型：一种是城居的不在地地主，一种是乡居的在地地主（包括地主自己城居，而在他处立墅设庄，委托他人经营）。前者把土地零星分租出去，向佃农收取实物地租，地主所需的生活用品和奢侈品，要靠出售剥削来的地租实物得钱向市场上去购买。出售的剩余生产物，品种较单一（粮食为主），假手于商人的多，自己经商的少。佃农生产的余粮和副业产品也要上市求售。在这种情况下，地主、佃农同市场的关系较密切，商品交换比较活跃。而自东汉末以至南北朝的田庄主则属于后一种类型的在地地主。地主就地收租外，且靠廉价的依附农民搞自营田庄（靠工钱高的自由雇工搞自营田庄则难维持），出产多种产品。地主所需的各种生活用品，通过田庄基本可自足自给，并在相当程度上由前者的佃农分别出售各种农副产品，转为后者的地主自己统一从事多项产品的商业活动。这样,商品经济总的不如前者活跃,专业商人的经营范围也不如前者广泛。比之西汉,东汉魏晋南北朝商品经济之所以呈现萎缩,地主经营商业的情况反比西汉为多,主要是因为当时的自给性的田庄经济空前膨胀,而地主大都是在乡村拥有田园的田庄主的缘故。

十二 从宋霸子宫廷博戏说到唐朝的富商和政治

两汉国家统一,商业有较大的发展,魏晋南北朝动乱分裂,商业出现逆转现象。到隋唐重新统一,社会经济又由恢复到发展。唐代(618~907年)盛时垦地和人口近于西汉时的最高数字,粮食产量增长,商业再迈开前进的步伐。上升→下降→再上升,发展恰呈马鞍形。唐中期虽经8年安史之乱,但乱平后经济仍有发展,南方发展更快,商品经济比唐前期更见活跃。在有唐一代,富商大贾势力日见膨胀,商人、地主、官僚三结合愈趋强固,商人更多地参与了政治。

1 武则天当政时的商人

武周长安四年(704年),唐高宗后武则天称帝,改国号为周,张易之兄弟及武三思皆恃宠用权。有一天在内殿赐宴,嬖臣张易之"引蜀商宋霸子等数人于前博戏"。宰相韦安石奏曰"蜀商等贱类,不合预登此筵",吩咐左右逐出之。在座者都为失色。这一回虽因韦安石这位"真宰相"出面阻拦,闹得不欢而散,但由此可见商人与武氏集团关系之密切了。

为什么唐代商人能如此飞扬跋扈、结交贵幸呢?原来,唐前期承袭前代隋文帝为争取商人富家的支持而实行的经济放任政策:不搞专卖(和隋时同,盐酒且无专税),不征关税,市税很轻(2%的交易税),铁许私人开采,地方收税。这样不输于西汉前期的优越的条件,很快地培育了许多积资巨万的大商人。唐高祖时虽规定"工商杂类不得预于士伍","工商不得入仕",高宗时也曾"禁止工商乘马",也只是袭西汉初抑商之故技,压低一下中小商人的地位,很难损及"金多众中为上客"的富商大贾。武则天时期,新起的庶族地主与旧士族之间的政治较量十分剧烈,武氏集团就是在新兴的庶姓商人地主的拥护下,打垮了关陇集团的世家贵族而取得政权的。武后的父亲武士彟原先是个以贩卖木材为业的地方富豪,因随李渊在太原起兵上升为大官僚。同声相应,同气相求,武则天的近随者、支持者都是些门第不高的商人和商人兼地主。如"以鬻台货为业"的"为市于洛阳"的薛怀义即是武则天的亲信宠臣(后以白马寺主持的面目出现)。商人为武氏出了力,地位大大提高,宋霸子能于内廷博戏,那样的事情,并非出于偶然。武氏死后虽政权复归于李唐,但其子其孙同商人的关系,仍走的是武则天的路线。中宗(武则天之子)时,与商人混熟的皇帝自己也学着于宫中命宫女为市肆,公卿为商贾与之交易。其女安乐公主更大开卖官之门,用钱三十万"则别除墨敕除官，斜封为中书"。时人谓之"斜封官"，多至数千员，"遂使富商豪贾，尽居缨冕之流"。连"臧获（奴隶）屠贩"，一时也"累居荣秩"。商人不得做官的禁令至此已经被突破了。

唐玄宗时商人势力的继续增长

开元天宝年间号称盛唐，在经济上仍对商人放任。据《开元天宝遗事》载，玄宗时"长安富民王元宝、杨崇义、郭万金等，国中巨豪也。各以延纳四方多士竞于供送，朝之名僚往往出于门下。每科场文士，集于数家，时人目之为豪友"。又据说玄宗曾问王元宝家财多少，王元宝回答说："请以缣系陛下南山树，南山树尽，臣缣未穷"，口气大极。这些富商大贾恃其多财，与官僚互相勾结，甚至得以亲近皇帝。玄宗叹道："朕天下之贵，元宝天下之富"，"至富可敌贵"！

实行经济放任政策的一个必然后果是加剧土地的兼并。富商大贾往往与高利贷结合，加紧剥削农民，促使农民贫困破产，土地被兼并而去。唐前期虽实行均田制，但未完全禁绝土地买卖，商人侵吞农民的土地仍有许多空子可钻。高宗时"其家巨富，金宝不可胜计，四方物为所收"的长安的邹凤炽，"邸店园宅，遍满海内"，就是个有名的大商人兼大地主。天宝时相州的王叟，"家有财，积累近至万斛，庄宅尤广，客二百余户"，是个兼做粮食生意的大商人、大地主。皇帝诏书中也指出："王公百官及豪富之家，比置庄田，恣行兼并，莫惧章程。"由商人在里面参与的土地兼并，使均田制已难以维持。史称"开元之季天宝以来，法令弛坏，兼并之弊有逾汉成、哀之间"。西汉后期的社会矛盾已复见于盛唐之世。

唐初为整肃吏治，曾规定"五品以上不入市"。到武后时，情况就有所改变。贵戚官僚、地主也追求商利，开设邸店、客舍、质库、车场，甚至"在市兴贩"，"回易取利"。武则天之女太平公主"市易造作货物"，"殖货流于江、剑"。玄宗后期吏治大坏，官吏经商更不当是一回事了。官僚经商，官商合流，两汉成、哀之间的颓风又来个历史重演。

3 唐后期的富商大贾

官商勾结，权臣当道，政治腐败，国力虚耗。安史之乱打破了升平盛世的迷梦，从此唐帝国揭开了它后期的历史。

唐后期为解决财政问题，虽实行食盐专卖，但对富商大贾仍予优惠，如禁止地方向食盐征收过境税，以保护专卖盐商；降低商人的户等，以少收户税。德宗以来政府放弃对食盐价格的管理和供求的调节，盐利收入"少入官家多入私"，"官收不能过半"。以后对盐商更是"除两税不许差役追扰"。这种备受种种宽容的盐商与汉代盐专卖后商人的命运不可同日而语。至于唐后期的聚敛性措施也只是使中小商人受害，对富商大贾触动不大。

正因为如此,唐后期随着商品经济的发展,富商大贾的势力又继续高涨,不但在京师,尤其在南方,巨商财富惊人。这里有两个姓王的超级富商。唐后期南方的扬州"雄富冠天下",扬州城里王四舅"匿迹货殖","厚自奉养",人们轻易看不到他。但"扬州富商大贾、质库酒家,得王四舅一字,悉奔走之",真是大商人中的大商人。在长安则有大商人王酒胡,曾和僖宗皇帝一起斋食,纳钱三十万贯助修朱雀门。以后僖宗新修安国寺毕,规定舍钱一千贯者得撞新钟一下。"王酒胡半醉入来,径上钟楼,连撞一百下,便于西市运钱十万贯入寺"。光这两宗捐献就达四亿,其经商之富可以想见。这些都是名不挂朝籍的地道商人,贵族官僚兼营商业的还都没有提到呢。

德宗时起,租庸调废,两税法行,兼并已为法令所不禁。一时出现了许许多多"善置业,田畴弥望"的"地癖"。富商大贾也往往"兼地数千亩",变成商人地主。他们也经营田庄,失去土地的农民则变成庄客(庄户、佃户)。庄客除向政府交户税外,还要向地主交纳每亩五斗至一石的私租。"经年服务,无日休息,罄输所假,常患不充。"唐代庄客的地位在法律上和南北朝不同,他们是佃户,而不是"徒附",不荫附于庄主而须直接向国家交纳户税。但事实上许多田庄主仍荫庇大量逃户(不交户税),与政府争夺土地、人口,并支持庇护他们这种行为的藩镇,一起来反对唐中央朝廷。由商人参与在内(兼并)而迅速发展起来的唐后期的田庄经济,实是助长藩镇割据的一种经济上的基础。商人与土地结合的后果更为严重而恶劣了。

4 商人参与政治及其与党争的关系

商人与政治的结合,在唐后期又表现出新的特点。自武氏以来虽已为商人入仕提供了方便,但唐代制度中,士族入仕在流内,可做清望官,工商称为杂类,"无预士流",即使铨叙做官仍不得任清资要官,仍为士流所轻。身居工商杂类、要求在政治上重新定位的富商大贾,总想打破清浊之分,去做清资要官,以免当年宋霸子之遭韦安石之辱那样的事再加在己身。他们所采取的办法一是去做武官。如穆宗时"商贾胥吏争赂藩镇,牒补列将而荐之,即升朝籍。"二是通过科举,由进士及第而做有正式出身的文官。如唐宣宗时进士出身的宰相毕諴就是盐商之子。令狐绹(牛党)为相时也以盐商之子顾云为门下客而助其登第。三是与出身杂类为人所轻的掌权的宦官相勾结,借此作为政治上的靠山。此时的商人并非依托于政治上比较进步的新兴庶族势力,而与最腐朽的政治势力——宦官沉瀣一气。

当时宦官统率禁军——神策军,商人与宦官的勾连就是由挂名军籍开始的。长安的富商子弟列名于神策军者颇多,宦官可由此吃空额(饷额)、得贿赂,商人可依势"侵暴百姓,陵忽府县"。宦官同富商还有一层深的关系:禁军大将资高者都向富商乞借巨款,贿赂中尉（统帅神策军的宦官）求放外任当节度使，到任后加紧搜括，除还本上利外，多将积蓄存放在富商那里，合伙营利。这种人算为"债帅"。宦官、富商、债帅三点联成一面，利益相共，完全拴在一根绳上。唐后期出现的飞钱（汇兑）、柜坊（存钱处）也与商人、宦官有关。其实神策军诸军和长安富商正是"飞钱"这种早期汇兑制度的主要举办人。宦官有钱，为财物保存安全计，或交关授受方便计，大部分的钱多存于富商开设的柜坊之内。商人与宦官钱势相济，已形成了一股强大的社会势力。

有了上述这种种关系，工商之家的子弟从神策军中尉和债帅那里得官就并不困难。正如杜牧所说的"近代以来，于其将也，弊复为甚。率皆市儿辈多赍金玉，负倚幽阴（指宦官）折券交货所能致也。"唐僖宗时义武节度使王处存，世隶神策军，为京师富族，财产数百万，就是依附宦官，亦商亦军的一个典型。宦官可说是"工商杂类"的政治上的代表，富商大贾则是宦官专权的社会基础。

唐后期朋党之争激烈，反复也多。政治上因循保守、经济上纵容商人、军事上姑息藩镇、外交上妥协忍让、组织上结党营私的牛党（牛僧孺一派），实质上是亲宦官党。因为他们都是些"货殖厚者"，为政府理财而假公济私者，"行如市人"、"语行如市"，与"工商杂类"的政治代表有共同的语言、共同的气味。他们与上述直接依附宦官的商人所不同的地方，是其得官系通过科举，有了进士出身，已由非士流出身的大商人、大地主、大官僚一变,而为士流出身的大官僚、大地主、大商人。由于商人同牛党有千丝万缕的联系,因之,朋党之争,里面也包含着商人(通过其在朝中的政治代理人——宦官与牛党),与部分以清流自居,"不求货殖",主张禁止官僚经商,禁止神策军包庇富商的官僚士大夫集团("李党"),在经济利益和政治地位(抢官额)上的矛盾冲突,所以唐后期的富商已更深地卷入到政治漩涡中去了。

十三 受命于危难之际的理财家刘晏

安史之乱（755~763年）是唐王朝一个重大的历史转折关头。战时巨额的军费支出，战后凋敝的社会经济，使唐王朝的财政陷于极度困难的境地。如何渡过难关，保证战争的胜利，恢复战后的生产，是摆在理财者面前的艰巨任务。除了要富商纳钱、在关津征税、铸行大钱套取商民物资这些救急的办法以外，通过商业环节来取得大量的经济收入，更是解决问题的主要途径。唐前期不注意的官营商业、未实行的专卖制度，就一一摆上执政者的议事日程，商业政策开始发生很大的变化。在这方面工作卓有成效的代表人物是当年以"神童"为玄宗赏识，在代宗时为财政大臣的刘晏（716~780年）。

从办理漕运到改革盐法

刘晏受命于危难之际，他出手办理的第一件事情就是通漕转粟，保障军需民用。他组织人力，疏浚汴河,打造船只,采取分段接运(江、汴、河、渭)和"囊米"的办法,把江淮粮食源源运往京师长安,平抑了市场粮价,"使关中虽水旱物不翔贵"。大规模(五十万石)的粮食调运,需几十万贯的运费,如何支付这笔巨款?善于筹划的刘晏,"以盐利为漕佣",将所管的东南地区的食盐专卖的部分收入用于弥补运粮的支出。

食盐,在唐代前期只征税,不专卖;安史之乱初起,颜真卿抗击叛军,首将河北景城盐实行专卖,以筹措军饷;肃宗乾元元年(758年),第五琦推广其法——基本上同于桑弘羊的直接专卖制。但在执行中弊端很多:官自卖盐,多设机构人员,开支浩繁;官自运盐,向民间征集车牛,分派劳役,辗转运输,农民旷时废业;官卖盐只收现钱或绢帛,不赊欠,不换购,农民缺少钱帛买盐,只好淡食;办事人员下乡销盐,农户居住分散,供应很难普遍,有时一吏到门百家供奉,敲诈勒索,卖不掉就硬性摊派。所有这些问题都有待刘晏来妥善解决。

刘晏认为"盐吏多则州县扰",他主持盐政后,撤销了产盐少的地方的机构。只在主要产区保留精干的机构——10个盐监和4个盐场。分别管理盐的生产、收购(监)和储存、中转、分销(场)业务,监、场的负责人都经严格挑选,从组织上进行了整顿。刘晏所选用的都是通敏、精悍、廉勤的人。

在制度上,刘晏进行了改革,把民制官收官运官销的直接专卖制改为民制官收商运商销的间接专卖制。

主要改革内容：盐户所产的盐仍由盐官统一收购，不许私自卖给商人；盐官所收之盐就在盐场或盐监所在地转售给盐商，食盐的税就包括在盐价之中，商人缴纳盐款后，可自由运销不受限制。在这种"就场专卖"中，官府只掌握头道批发，二道批发和零售都让给商人去做。但又恐商人贪图利润，往往趋易避难，对离盐产地较远、交通不便的偏远地区不大肯去做买卖，运一点盐去也奇货可居，高估其价，为此，刘晏"设仓""转官盐于彼贮之，或商绝盐贵，则减价粜之，谓之常平盐"。另外在吴、越、扬、楚交通要道设数千个盐仓，储存了食盐二万余石，遇到哪个市场商盐脱销，便把所贮官盐就近及时调去供应，以免市场盐价发生大的波动。在委托商人运销以后，官营盐业仍起应有的作用。对于私盐，也加禁断。在一些主要城市设13个巡院，管理销地市场，缉查私贩活动，同时也办理招商推销官盐的事务。对于食盐生产，刘晏十分重视。他"随时为令，遣吏晓导，倍于劝农"，从技术上指导盐户，鼓励盐户的积极性，以增加食盐的生产来扩大食盐的流通，增加盐利的收入，而不靠克扣盐户和高抬盐价来进行财政搜括。

有唐一代就场专卖制的具体措施均创于刘晏之手。刘晏改革盐法，一方面使国家控制了货源，掌握了批发环节，又管理了零售市场，富商大贾只能在规定的范围内从事正常的商品流转，不大可能兴风作浪，牟取暴利；另一方面，政府又大大节省机构人员，充分利用商人，尤其是中小商贩的销售能力，经过马驮人挑把食盐广泛销往农村，大大补充了官营商人的不足。他允许商人参与，任其所止就便运销，用意在让商人自由竞争。通过发挥市场的调节作用，来保持各销区的供求平衡（同时还有国家的调节，如常平盐、官仓盐），避免奸商的居奇抬价，扰乱市场。能重视市场的机制而善用之，这是刘晏盐法的特点。虽然基本精神和西汉桑弘羊的榷盐法相承，而具体做法已有变通，区别就在于在专卖中容纳商人而不是排斥商人。

刘晏新盐法实行后，盐业生产发展，销售数量扩大，市场盐价稳定（每斗盐110文），私贩风气衰息，唐政府盐利收入大大增加。他刚接手办盐务时东南盐利年仅40万贯，代宗大历末年（779年）增到600万贯。"天下之赋，盐利居半，宫闱服饰、军饷、百官禄俸皆仰给焉"。而户部主管的河东池盐一年只收入80万贯，价更贵于东南海盐。有一年盐池被霖雨败坏，出不来盐，一向靠池盐供应的长安市场盐价飞涨，刘晏奉命调东南海盐3万石供应关中，"自扬州四旬至都，人以为神"。

常平：调济民食，稳定物价的重要措施

刘晏以盐铁使兼常平使，负责调剂民食，稳定物价。他密切注意农业生产动态，在诸道所设巡院内，各置知院官，每旬、每月具报州县雨雪丰歉之状。据此决定相应措施：在粮食上市特别是丰收年，商人压

价、粮价暴跌时，命各地以适当高于市场的价格收籴粮食；在青黄不接时，特别是歉收年，商人抬价，粮价狂涨时，命各地以适当低于市场的价格出售粮食；在市价比较正常时则按市价在产粮区收购部分粮食。对于受灾地区，则用粮食与灾区人民换购土产杂物，留作官用，或转运到丰收地区去出售。在丰收年由产粮区收购的粮食，除用于供应缺粮地区外，陆续储存起来以防荒年不时之需，这种储备粮积存至300余万石之多（唐一石合近代的六市斗）。西汉耿寿昌的常平仓法在刘晏手里有了很好的发展。

刘晏经办的"常平"业务，范围已超过粮食，而及于其他主要商品。他以重金招募"驶足"，自诸道巡院至京师，置递相望，百物行市的涨跌，四方物资的余缺，一站接一站地快马加鞭，向前传递消息。虽相隔很远，不几天刘晏就能在长安及时得到情报。"故食货之重轻，尽权在掌握"，"使天下无甚贵贱，而物常平。"举办官营商业，主要不在从贱买贵卖中获取厚利，而是竭力争取物价的稳定。自战国时李悝的平籴法、西汉桑弘羊的平准法以后，已很久没有看到有人以稳定物价的原则行之于政策中了。

在均输和铸钱方面的建树

刘晏所办的官营商业中还有一项重要的活动叫做"均输"：在关中地区粮食丰收时，就转而以东南地区部分漕米和脚费等租赋收入折合的现钱，从关中地区收购各种产饶价廉、体小价高的土特产品和手工艺品，转运到京师或价高地区去出售，以调剂商品余缺，同时也使国家从地区差价中增加一笔商业利润。这样，减运粮食，增运"轻货"，运费可大大节省，而东南手工业品销路有了扩大，对这些地区商品经济的发展也起到一定的促进作用。后人（马端临）有云："均输之说，始于桑弘羊，均输之事，备于刘晏"。

唐政府纠正了安史之乱期间行大钱搞通货减重的错误做法后，又出现了一个新问题：因铜料不足，钱币短缺，物价转跌，刘晏以兼铸钱使的身份，精工优料，铸造足值的钱币。在他征收或换购的物资中，有一部分集中在盛产铜砂的淮楚出售，换回铜、铅、薪炭，就地设炉，一年铸钱10多万贯，供应了京师扬州荆州市场流通的需要。

4 刘晏的理财思想

刘晏理财"以养民为先"，他坚信"户口滋多，则赋税自广"，提倡通过合理组织商品流通来安定人民的生活，以保护税源，而反对聚敛搜括。在他统辖的东南地区，"民得安其居业，户口蕃息"，"非晏所统则不增也。"

在租税原则上，刘晏的主张是因民之所急而税之，则国用足。他所实行的食盐专卖，寓税于价，价格较为合理，且有一些避免扰民的措施，从而做到了"官收厚利而人不知贵"。这种"知所以取，人不怨"的理财方法，比之强制性的增税，加重农民的负担高明得多。这一套虽是《管子》的"见予之形，不见夺之理"的取予之术的运用，但"因民所急而税之"，则是刘晏自己的理论概括，为前人所未道及。

正由于刘晏以商业经营的方式来理财，所以自然非常重视商业。比桑弘羊有所发展的是他在重视举办官营商业的同时，又注意借助私营商业的力量，以使流通渠道保持畅顺，在节约官府人员开支的条件下，把商品深销远贩到各地城乡市场。为了鼓励商人的正当经营，他奏请代宗下令禁止地方对盐商征收过境税，并规定商人购盐可纳绢代钱，以减少商人缺钱的麻烦，且绢价加钱十分之二以示优待；此外还取消对商人户税加二等征收的旧例。这些便商措施，都说明刘晏已跳出单纯抑商，一概排斥私商的圈子。他的"排商贾"只是抑一下那些在粮食市场上投机倒把的奸商，垄断食盐生产和头道批发惯于兴风作浪的大盐商而已。他利用商人有利于商品流通的积极作用，而限制其可能发生的消极作用，并非一味强调由国家来全面干涉经济，而是在一定程度上、一定范围内允许贸易的自由。在这一点上他的思想特别有创新的意义，顺应了商品经济发展的历史潮流，在当时的社会开了风气之先。纵观中国历史，刘晏是封建社会前期具有创新思想的第一人，具有继往开来承前启后的重要的历史地位。

建中元年（780年），刘晏为政敌（杨炎）所谮，被德宗所杀，终年65岁，天下冤之。抄家所得，"唯杂书两乘,米麦数斛"而已。像刘晏那样力苏民瘼、勇纾国忧的精神,居官清廉、治家俭约的品格,在封建社会的官员中大不同于流俗之辈。"富其国而不劳于民,俭于家而利于众",这样的实干家,是什么时候都需要的。

十四　始于德宗时唐后期掠夺商民的聚敛政策

继代宗而立的德宗李适（音 kuò，780～804 年在位），是一个刚愎自用、昏暴猜忌的专制君主。他听信流言，杀了刘晏，任用奸相卢杞，推行一条掠夺商民的聚敛政策，又把唐朝的社会经济搞乱，使刘晏 20 年之功毁于一旦。

唐后期的聚敛政策始于德宗之时

唐德宗一登基就贸然出兵，想削平藩镇，结果措置失算指挥不当，陷入数年内战的泥坑。为了应付巨大的军费，惊人的聚敛就一起又一起在他的手里出台。

建中三年（782 年），用赵赞之议，开征关津税：在津要都会置吏，检查商人财货，计钱每贯收税二十文。关津税在肃宗时一度权宜征收，后因"商旅无利，多失业"，而予取消。德宗却正式定为制度，税率 2%，坚持推行下去。与此同时，规定竹木茶漆四类商品征收什一的重税。翌年，更"税屋间税，称除陌钱"。税间架即收房屋税,两架为一间,每间出钱分三等:二千、一千、五百;除陌钱,即每百钱交易扣除若干钱为税上缴,原为2%,至此增为5%,非商品交易的金钱支付和实物相换,一律计钱收税。违者处罚奇重,以至怨声"满于天下"。正由于这两种苛税为人们所痛恨,在建中四年泾原兵变中"不税尔间架除陌"就被叛军用作争取民众同情的口号。对此,德宗不得不宣布除陌间架与竹木茶漆之税一并取消。

德宗在建中三年还以借的名义强迫商人出钱——每商留万贯,余并入官,其实本钱不到万贯、资财薄弱者也在被借之列。官吏搜索,辄加榜捶,人不胜苦,有缢死者。这还不够,又进一步"括僦柜质钱",凡商民存放在柜坊和质库里的钱币财物皆括四分之一;质钱不及百贯,粟麦不及五十斛者并不能免。粟麦粜于市者也"四取其一";长安商民罢市抗议。假借权势的大商人,有办法规避,许多中小商人在又借又括中破了产。

德宗一朝,长时间内宫中经常派出太监在长安市上掠夺货物,谓之"宫市"。名为采买,实际很少给钱,或干脆白拿,并强迫商贩把货物用车驴送到宫门口,还要倒贴一笔"进奉门户钱"和进宫后的"脚价钱"。富商大贾"匿名深居",货皆深藏;为做生意,货列于市肆内的中小商贩,一见到太监来,就四散逃跑,"撤业塞门,以伺其去"。"一车炭,千余斤,宫使驱将惜不得。半匹红绡一丈绫,系向牛头充炭直。"白居易《卖炭翁》一诗中所说的,就是对贞元末年宫市为非的大胆揭露。

刘晏时颇有条理的盐法，德宗时不多久就乱成一团，全变了质。地方官员多擅变盐法以求赢资，德宗自己也想增加盐利以补亏空，反而肯定并推广了食盐的加价做法。江淮盐经迭次加价每斗为三百一十，其后复增六十，河东两池盐每斗三百七十。江淮豪贾，为图暴利，出售食盐，价或加倍，官府的收入份额反而不能过半，人民因盐贵而怨恨。高价高税，只有富商大贾才经营得起，资财浮薄的中小商贩，不得不避课走私，制盐户冒法私卖现象也不断发生，虽然巡捕之卒遍满州县，但严刑峻法也禁止不了。盐价益贵，"商乘时射利"，有的地方有时甚至要几斗谷才能换一升盐，远乡贫民有的买不起，只有淡食。虽然食盐专卖的形式还是官收商销的就场专卖制，但实际上已变成官府与少数大盐商（"正税商人"）共同分利的商品垄断政策了。

唐德宗还于建中三年开始实行酒的专卖。官酿官卖（每斛酒卖三千钱）、特许酒户卖酒曲（每斗课一百五十文，税率为50％，行于京畿）、榷酒曲（淮南、河东、陈许、汴州等地）三种形式并行。贞元九年又开始征收专项茶税，税率10％。这些都是刘晏理财时所不曾用过的。

与刘晏的做好调节粮食供求、加价收购粮食的常平工作相反，德宗时以"和籴"为名，大搞粮食的强制性压价收购。或先敛取而后给值，任意拖欠；或不给现钱而以农民并不需用的细葛布苎麻布充数，并且

"虚张估价",加价折算给农民,从中刮取更多的粮食,甚至一个钱都不给。所谓"和籴",对人民的搜刮甚于赋税。"和籴"以外尚有所谓"和市",向手工业者收购产品时也是摊派强取。德宗的宠臣裴延龄"搜求市廛","追捕工匠",不给报酬,弄得都城之中的街道店铺白天也要关门。真是比一般的赋役还可怕!

德宗以后政策更加变坏

由德宗始作俑的聚敛政策,在德宗以后,随着唐政府财政的困难加重,更向恶性发展。

德宗时开始的关津税照旧征收,地方官也仿效中央自置税场,征收过税。许多地方道路上商旅几乎绝迹,以致有"弃其货去"的。和籴,依然是按户抑配,限期严催。诗人白居易在乡居时,曾当过和籴户,"亲被迫蹙(音 cù,义为紧迫),实不堪命";元和时做了官,又"曾领和籴之司(官吏),亲自鞭挞,所不忍睹"。

盐政之弊在德宗以后日积日深。"院场太多,吏职太众",以多给加饶的耗盐、滥收粗制的货帛(作货币用)招徕商人,增加课利。那些隶名官府的专卖盐商,居家无征徭,行商无榷税,而盐利却尽入于己,实际上就是奸商的复起。官商分利的食盐专卖,越来越变坏,对封建国家的好处已越来越少了。由于官盐价高,贫民十日八日"淡食"是常事,而盗贩私盐的日益增多。

酒税在德宗后也一再加重。榷酒形式多种，宪宗元和时在京兆府实行把酒税均摊于青苗钱（地税附加税，每亩十文，苗青时即征）的做法给酒专卖又增添了一种新的形式。也有的地方既由官府设店卖酒，又配户（配于青苗钱）出榷酒钱，形成重复负担。唐政府对私酤及私制酒曲判罪也极重，禁私法令之严，不亚于对付私盐。

不过花样更多的是在茶叶上面。随着唐后期饮茶之风大行，茶叶也由税而榷，中间还一度实行官种茶官卖茶。

穆宗长庆（821～824年）时对藩镇用兵，帑藏空虚，盐铁使王播邀宠，奏请"增天下茶税"，税率提高至15%，并改为"量斤论税"，按重量分成计算应税数额。为了多占便宜，又叫商人在量斤论税时多负担些损耗，一斤茶本来要付二十两，王播又加取四两作为"加饶"（加耗）。

穆宗以后，敬宗在位时间很短，仅三年文宗继位。太和九年（835年），宰相王涯自兼盐铁使，置榷茶使，由官府收茶自行造作，命令百姓把茶树移到官场中种，摘茶叶到官场中制造，而焚毁旧有的茶场。这种有同儿戏不近人情的做法引起"天下大怨"。不久，王涯在朝官同太监的争权中被杀，"群皆诟詈（音lì，义骂），抵（投掷）以瓦砾"，榷茶取消。

其后虽说茶仍收税，但茶税加重，禁私愈严，已由税茶而发展为榷茶（通过"正税商人"）。开成五年（840年）武宗即位时中央政府在盐铁使奏请下增江淮茶税；宣宗大中时盐铁使于悰于每斤茶叶上增税钱五钱，谓之"剩茶钱"，以代法外的加饶数量；与此同时，庐、寿、淮南皆加半税税商。大中时天下税茶收入已比贞元时倍增。

本来茶税在产地缴纳后可通行各地，后来地方政府也在茶叶上大打主意，以收保管费为名来征税，谓之"揭地钱"，不管是否需要都得交钱，才予放行。

茶叶税重价高，许多人就逃过中央和地方的税卡、邸阁，进行走私。私茶漏税，卖价较低，销路很好，正茶销路自受影响。在"私贩益起"的情况下，唐宣宗规定了严酷的禁私法令，以死刑相儆，但实际上和私盐私酒一样都禁而不止。

8 盐茶专卖与唐末的社会矛盾

盐、茶由国家统一管理（专卖），以制止奸商从中渔利，而又利用正当商人的经营力量，这本来是合宜的措施，但在唐末却转变为加强掠夺人民的手段。这种以聚敛为务的政策，一方面保护了大商人（正税商人），另一方面又起到了排斥中小商人的作用。唐末随着商品专卖制度和专利政策的加强，中小商人的日子更不好过了，尤其是小商小贩由于盐价的上涨和茶税的加重所受的打击范围更广，影响更大。他们无可奈何，纷纷以私贩为出路；被兼并失去土地的逃亡农民，也源源加入到私贩的行列中来。为了对付官府严酷的缉私之禁和贩私之罚，他们冒着生命危险，集结起来进行武装走私，追捕越凶，反抗越强烈，他们在残酷的斗争中，积累了丰富的经验，形成了一个个有组织的团体。这样，在唐末的农民起义中，与农民有联系而为其同情的私贩武装，就很自然地成为农民武装力量的一个重要成分，有的人更被推为起义的领袖。像王仙芝和黄巢就曾当过私盐贩子，而且是"共贩私盐"者。

唐后期经济的发展，特别是南方商品经济（如盐茶）的发展，支撑了唐王朝的封建统治。但这个政权并没有为顺应社会经济的发展做更多的工作。从唐德宗起到唐末，从中央到地方，都采取了掠夺商民的聚敛政策，严重地阻碍了社会经济的进一步发展。聚敛政策是统治阶级奢侈浪费，官僚政治腐败无能，中央政府权力低落，地方藩镇割占财政等一系列政治、财政危机的直接产物。聚敛的日益加紧，正是唐后期社会矛盾日益加剧的一个侧面反映。最后，除了这个政权日益走向垮台以外，别无其他下场。

十五 分裂割据下的五代十国商业

黄巢起义动摇了唐王朝的根基。907年朱温灭唐，以后军阀割据，中国历史上出现了半个多世纪的动乱分裂局面——五代十国（907~960年）。黄河流域饱经战火，商业止不住下滑；南方相对安定，商业活动较正常。但从北到南在赋敛沉重的日子里，商业的恢复和发展又都受到了限制。

五代的商业和商业政策

五代的许多统治者，其发迹都与商业有关，但由于掌权后在商业上采取的政策不同，因此在各自统治区内对社会经济的影响也有差异。

在黄河流域首先建立后梁王朝（907~923年）的是降唐的黄巢部将朱温（朱全忠）。他在都城汴梁收罗商人，不遗余力，其精兵以富商豪家子弟为骨干，人马铠甲都以组绣金银为饰，光芒耀日，一副铠甲价值数十千钱。为取得商人的支持，政策较为宽松。虽然朱温自己曾领河东节度使，深知盐利所在（设盐铁转运使），但盐法只是循唐就场专卖之旧制，控制并不太严。这个从有私盐贩子参加的农民起义军中出身的统治者，懂得要对民众作些让步，因此减轻了包括盐税、田租在内的各种赋敛。史称"梁祖之开国也，以夷门一镇，内辟污莱，厉以耕桑，薄以租赋，士虽苦战，民则乐输。"

"会计之重碱醝居先"，紧抓盐利不放的是后唐（923～936年）。后唐统治者嫌就场枭商利薄，恢复唐第五琦实行过的官卖制，而更为苛细。巧立蚕盐、食盐等名目。所谓"蚕盐"就是官盐的赊售摊配制度：每年二月下蚕种季节官府将盐俵散给民户，五月收茧季节，随夏税征收收回盐钱。所谓"食盐"就是按人口配售官盐的制度。籍列户口，计口授盐，逐年俵卖，只准供食不得转售。沿用于后世的上列二法实属后唐所创的食盐专卖的新形式。

官卖盐于唐庄宗（李存勖）时在重敛急征的租庸使（兼盐铁使）孔谦手里，搞得很坏，盐价昂贵，强迫勒买，有的地区还要随两税丝征收"随丝盐钱"，人民不堪其苦。唐明宗（李嗣源）立，诛孔谦，食盐专卖稍稍放宽：议减盐价；对非实行蚕盐制的官盐其他销区，在乡村准许通商，州府县镇则仍由官卖。

在后唐还有一个新的发展，即是颗（池盐）、末（海盐）盐分区销售的限制大大加强，以致自此开创了一套严密的划区供应制度。唐明宗时规定颗盐不得越界侵入末盐地界销售，末盐亦然，违者重罚。越界私销和蚕盐倒流入城偷卖、私自煎盐买卖者动辄决杖处死,刑罚之重后唐远甚于晚唐。

铁制农具开始全由官府专卖,唐明宗时因质次价高,允许百姓自铸,但要随夏秋税按田亩多少缴纳农器税。

酒在后唐时先是官卖曲;后规定乡村于夏秋苗税上每亩加纳五文(后减为三文),听民自造曲酿酒,以供家用,城镇酒户买官曲酿酒,另纳买曲钱的十分之二充榷酒钱;不久,又罢曲钱,改官府造曲,买官曲的才能酿酒,曲价又时时提高。后唐严禁私自造曲,违者不论斤两一律处死,甚至有犯曲法全家被杀的。

后唐更于统治区内普设关卡,自湖南至京师(洛阳)税茶场院设有六七处之多,致使"商贾不通"。还是那个孔谦"障塞天下山谷径路,禁止行人,以收商旅征算";李巨为东京留守时在城市桥梁设税卡向出入车牛收过路钱。

后唐统治集团亦自牟商利。庄宗之后刘氏派人为商贾,以至于市肆之间薪刍果茹都说是"中宫所卖",其贪鄙可见。

夺取后唐政权的是后晋(936~946年),其统治者石敬瑭,起兵时曾得到太谷一商家(李继忠)的资助。此人借契丹(后称辽)之力当上后晋皇帝,献燕云十六州,"朝野咸以为耻"。为缓和人民的公愤,一度放宽了食盐的专卖。由于"盐贵病民",除每斤盐减价十文外,下令按户计征,分五等交钱,二百文到一千文,将原收的"食盐钱"俵配完毕后,允许商人贩运，民自买食，在当时这竟算是好办法了。但其继位者（出帝）又改变政策，往来盐货全部征税：过税每斤七文，住税每斤十文。后来又进一步取消商销，复行官卖，而原先按户等征收的食盐钱仍照旧征收。一面是官自卖盐，尽取权利，一面是民纳盐钱，遂同常赋，后世"一盐两税"这一陋习即自后晋始。

取代后晋的后汉政权（947～950年），因契丹入侵，国用困窘，故盐铁之禁更为严峻。盐、曲私制私市铢两必究，不计斤两多少，并处极刑。按户配给的"屋税盐"制，后汉时已实行。

北方残破的经济到后周时（951～960年）情况才逐步好转。周太祖郭威（951～954年）诏改盐法，略为减轻私盐私曲的刑罚。其后周世宗柴荣即位（955～960年），他出身小商贩，贩过雨伞，替郭威管家务时曾到江陵贩运茶叶，知道些民间疾苦。当政后，下令减轻耕牛税（不征过税，只收3%的住卖税），以利于恢复农业生产。官府不再卖酒卖醋，百姓可买官曲酿酒酤卖。盐，准许于漳河以北地区（逼近辽境的新收复区）的乡村将榷盐钱均摊于两税中带征（名曰两税盐钱），开放通商，任人煎炼兴贩，不再由官场粜盐。这些都是对专卖制度的放宽，有利于民间商业的发展。

后周都汴梁（今开封）。柴荣派人疏通了唐末以来湮塞的汴水和汴州以东鲁豫间的河道以及通陈、颍的蔡河，由此京师水运四达，奠定了商业繁荣的基础。"华夷辐凑，工商络绎"的汴梁城成为十国和中原通商的中心。原来的旧城已嫌狭小，又在四周扩建了罗城。

汴河中流岸边树起巨楼十三间,"淮浙巨商粮斛万货",都储放在这些大仓库里,"山积波委,岁入数万计"。

为了解决长期以来钱币缺乏的问题,以适应商品流通发展的需要,柴荣下诏销毁天下铜佛像,用来铸钱;并派出专使到高丽以帛购铜,并允许青、莱二州人户到高丽采办铜料,官府照价收买。

后周还开放后唐时规定的禁止民间和回鹘(音hú)(即回纥)通商的禁令,准许私人和回鹘互市,由于输入宝玉而使玉价大幅度下降。

在北方还有一个独立的小的割据政权——北汉(951～979年),为后汉亡后其大臣刘旻依托辽邦而僭立者,都于太原,占有河东之地。"地狭产薄",靠五台山的和尚刘继颙出钱为之支撑局面。这个和尚"为人多智,善商财利",开银矿、做生意、买卖马匹发财,"以佐国用",自己也当上北汉的大官(太师、中书令)。北汉同辽往来密切,辽上京"有邑屋市肆交易",来经商的"并、汾之人尤多"。

2 南方九个割据政权的商业

与五代嬗递的北方政权相对峙,长江、珠江流域前后建立了吴、吴越、南唐、南汉、楚、前蜀、后蜀、荆南、闽九个小国(与北方的北汉合称十国),它们的商业又是怎样呢?

吴越(893～978年),由盐贩出身的钱镠所建,修水利,开荒地,农业发展较快。都城杭州进行了扩建,成为江南最繁华的都会之一。钱塘江中舟楫往来不绝,一望"不见其首尾"。海上商业活动范围不仅到山东沿海,而且和日本、新罗也常有往来。输出商品中,绫罗锦绮色绢多时年达几十万匹,茶叶、瓷器、手工艺品也为贸易大宗。吴越和大食(阿拉伯)通商也趋频繁,大食猛火油(石油)常输入吴越,用于燃灯和治牛马癣。

吴(892~937年)、南唐(937~975年)的商业不输于别国。早在吴时,杨行密就派人持茶万余斤到汴梁贸易。南唐都于金陵(南京),这里宫城壮丽,富商云集,商人们多以茶、丝同中原交换羊、马。淮南产盐多,南唐政府设官管理食盐专卖(后淮南并入后周)。茶也专卖,十分之八的茶叶由官府收购,其余征税后给符让商人经销。

闽(893~945年),经济面貌大胜于唐末。商船很多,自都城长乐(福州)泛舟到山东登莱同中原贸易,每次交易"色类良多,价累千万"。所产蕉布、葛布享有盛名,年输出二万几千匹。茶叶仅建州一地的腊茶,年输出即达五六万斤以上。

在楚(896~951年,都于潭州—长沙)的商业中,茶叶贸易也占重要地位。马殷一面令民自行制茶,以通商旅,收其税,岁入以万计;一面由官置"回图务"(茶栈)卖茶。这些茶栈设在汴、荆、襄、唐、郢、复等州,在每年向北方政府贡茶25万斤的条件下,取得在北方的卖茶权,以茶换取北方的缯纩战马。

前后蜀的商业在唐末的基础上更见发达。前蜀

（891～925年）王建时，每到春三月"蚕市"之际"货易毕集，阛阓（音 huǎnhuì，义为街市）填委，蜀人称其繁盛。"后蜀（925～965年）孟氏时"村落之间弦管歌诵，合筵社会，昼夜相接"，农村市集上按照传统还有文娱活动。蜀盛产茶叶，设茶酒库使掌管官茶事宜。皇族也喜经商，前蜀的皇太后、太妃都抢着在通都大邑开设邸店。

南方各小国统治者都十分重视商业，招徕商旅，推销本地物产。楚政府不征商税，欢迎各地商人入境贸易。楚地多铅铁，特铸铅铁钱，以十文当铜钱一文；入境商货卖了，得到的是别处不通用的铅铁钱，商人只好在楚地购买土产而去。这样，楚以境内多余之物换取了"天下百货"。闽王审知时废除苛捐杂税，开放自由贸易，商人来做买卖的"填郊溢郭"，"击毂（音 gǔ，义车轮中心）摩肩"。同时开辟海港，以便商船停泊，日本、新罗、占城、三佛齐等都来贸易，泉州作为外贸城市日益繁荣。南汉（905～971年）都于广州，此处商业素来发达。统治者刘氏出身商人家庭，"广聚南海珠玑，西通黔蜀，得其珍玩"，岭北来的商贾多召到宫中，给以隆重款待。南方最小的国家荆南（907～963年，又称南平国，都于江陵），为周围各国的缓冲地带，南北交通的孔道，依靠商利来过活。不过其做法不同于他国，不但重征商税，而且掠夺商货。当时人称荆南统治者高从晦为"高赖子"。

但是，南方各国到它末期的统治者手里政治经济情况日益混乱。如闽国，原不征商税，后来"鱼盐蔬果,无不倍征";而且抑配民买盐,计户产纳钱。在南汉,人民凡入城的都要输纳一钱,政府甚至派兵入海掠夺商人金帛。南唐,也按户抑配食盐,而征其米粮,称为盐米,后盐不给而征米如故;买卖农具牛羊无不有税,当时天旱,有人讽刺说"雨惧抽税,不敢入京"。吴越同样实行重敛政策,下至鸡鱼卵瘕(音koù),都要挨家挨户征取。在这样的情况下,商人做买卖的艰难可想而知了。

分裂割据的局面更是阻碍了经济交流的顺利进行。吴越、闽的茶叶物资同中原的贸易,因有南唐阻隔,只好取海道,到山东再转汴京,常有翻船之虞。有时各国发生争执,也往往限制互市。如蜀禁止锦绮珍奇外流,只有粗恶之物才准输往中原。幽州的刘仁恭曾禁江南茶商入境,自采山中草木代茶,几使商贾绝迹。南北的互通有无,也要求国家能早日重新统一。从周世宗开始到北宋太宗时,经20多年的斗争,终于结束分裂,统一的愿望得到实现。

十六　北宋前期的商业、商人与王安石变法

北宋王朝（960～1127年）的建立，统一了除辽、西夏以外的中国南北的大部分领土。在一个较长时间的相对稳定的条件下，生产力主要因素——劳动力迅速增多，生产经验不断积累，改进了生产工具，工农业产品的产量有了增长。再加上对生产关系作了某些调整——宋初自耕农增加，佃农的封建依附性减弱，"和雇"、"招募"为官手工业普遍采用，手工业者所受的封建束缚亦有所减轻，社会经济也就在封建制度的框框里得到了一定的发展。商业的发展是以生产的发展为前提的，随着南方经济的更快发展，经济重心南移过程的逐渐完成，商业的繁荣，南方也就赶上以至超过北方。全国耕地、人口都比汉唐倍增（最高时），商品流通规模相应扩大。可以说宋代的商业是战国以后中国历史上商业的第二次飞跃。

1 北宋前期商业的发展

宋代市场上的商品增多。"苏常熟，天下足"，粮

食已改变了"千里不贩粜"的老概念(西汉时尚如此)而远向四方辐射。

绢帛、茶叶、纸张、盐铁、瓷器、什器,以及蔗糖也成为市场上的重要货源,以至新兴产品纷纷进入较长距离、较大规模,在地区间流转的商品系列之中。商业在促进地区间经济联系方面的作用比过去加强。传统的以名贵土特产品和奢侈品为主的贩运贸易,在宋代已初步改变,这是商业发展中的一个进步表现。

在城市里,不适应商业日益繁荣的传统的坊市分设、设门限时的制度,终于完全崩溃。临街开门,市内和坊内的商店,争先恐后朝着街面开设,以招徕顾客。在汴京,街面店铺、作坊、旅馆、五十余炉的饼铺、二三层楼的酒家,与住宅、寺宇杂然并见。其他城市也莫不如此。商业活动在时间上的限制也完全被打破,举行夜市已没有什么拘束(过去市门按时开闭),很多大城市甚至通宵都有营业。在城市里还大量出现了摊贩和沿街叫卖的货郎。从有名的《清明上河图》中,可看出汴京小卖行贩的活跃情景。市场形制的这些改观也是宋代商业发展中的一个新特点。城市以外的商业也不断地有所发展,草市、墟市大量增加,有些草市已有固定性的常设店铺,而不仅仅限于举行定期集市,并在此基础上得以进入新兴的镇(或市)的行列。镇的出现,开辟了中国地方制度的新纪元(唐时尚无镇)。

② 北宋前期商人势力的坐大

由于商业的发展、市场的扩大,由于宋初采取

"恤商"政策,整顿了五代时纷乱苛杂的税敛,而使之制度化(住税3%,过税2%),细碎品物且予免税,由于主要商品(茶、盐、酒等)的专卖实行的是官商共利、分利的政策,且限制步步放宽,因此,富商大贾有优越的条件,以惊人的速度积累起巨额的财富。汴京是富商大贾集聚之地,资产百万贯的很多,十万以上的,比比皆是。京师以外,积累三五万贯以至三五十万贯,"驾驭州郡,颇为豪横"的人物也不在少数。商人经营致富,富了还想再富,不但冲击专卖政策,与官争利,而且偷漏税款,不以政府的减轻商税为满足。许多人于贱买贵卖的同时,又惯用高利盘剥的伎俩坑害农民。而在官僚之中,亦有"不耻贾贩,与民争利"者,贩茶、销盐、卖酒无不插手,形成了官与商的牢固的结合,商人在政府内部有了他们的庇护人和代理人。

北宋"不立田制"、"不抑兼并",承认占地者对土地的所有权,除了按亩征税外对土地的买卖已不加过问、干预。这样,商人高利贷者,官僚地主或其更兼营商业者,就以其余财大肆兼并农民的土地,以致造成"富者有弥望之田,贫者无卓锥之地"的严重对立局面。"一邑之财,十五六入于私家",而这些大土地所有者,免税、漏税不纳田租的土地,要占到全国垦地的十分之六七。国家的财政负担大都就加重到贫弱的农民身上。政府的开支巨大(冗兵、冗官、冗费),但收入的很大一部分却被大官僚大地主大商人化公为私,以成其豪门之财、兼并之资;农民被兼并而破产流亡，导致赋税征收的更趋减少。"积贫"的病象日甚，财政危机的日深，同大官僚大地主大商人这一兼并势力的日益膨胀是成正比例的。无论是从解救社会危机，缓和阶级矛盾，还是从解决财政危机，摆脱政府困境来看，不改变对兼并势力的放任政策，不触动大官僚大地主大商人的既得利益是过不去了。旨在"摧兼并，收其赢余，以兴功利，以救艰厄"的王安石的变法，就是在这样的历史背景下产生的。

王安石变法中的抑商政策

王安石（1021～1086年），历任州县，知民间所疾苦。宋神宗熙宁初以翰林学士入为副宰相、宰相，成为这场变法运动的主持者，在变法中有许多政策措施带有鲜明的抑商色彩，是商鞅、桑弘羊以后的又一位杰出的历史人物。

王安石变法中的抑商措施从熙宁二年（1069年）实行均输法开始。北宋贡赋很重，各路上供物资年有定额，按陈规办事，丰年便道可以多交纳的不敢过制，年俭物贵难于供办的不敢不交足；且所征之物，多责求于非出产地和非生产季节。为了上供、完赋，只好出钱向商人购买；富商大贾乘机操纵市场，大获其利。为了从商人手里稍收轻重敛散之权，归之公上，而制其有无，"便转输，省劳费"，免除不合理的远途运输，"去重敛，宽农民"，减轻人民的负担，"国用可足，财不匮"。王安石研究决定实行"均输法"：授权总管东南六路财赋和茶、盐、矾、酒税的发运使薛向主办此事。从国库中拨出500万贯钱和上供的300万石米作为本钱,并许移用六路财赋,由发运使通盘筹划,灵活运用。凡是籴买、税敛、上供的物品,都允许徙贵就贱,用近易远,尽量于丰产、价贱,路近之地进行征收和采购,反之则尽量少(不)收、少(不)购,以节省价款和运输劳费。对非生产地区的民户,令其改交税款,而不强征实物,以免责其所无、贵买以供上求。发运使并有权了解京师各仓库的库存状况和朝廷全年的需要数量,以便及时供办,并在价廉时路近处机动收购一些可"交易蓄买"的物资,存储备用,"以待上令"。对于粮食,歉收地区不再令其输纳实物,而可折交钱币,其应上供京师的"额斛"由发运使从仓库的储存中支付("代发");另外用歉收地区所收的钱到丰收地区去收购,以填补库存,并免使丰处价格过贱而"伤农"。这种做法,取法于桑弘羊与刘晏的均输;在粮食工作上的一些措置,则是刘晏常平法的运用。均输法行而"豪商大贾皆疑而不敢动"(苏轼语),过去利用机缘而控制市场的大商人即因此失掉了从中渔利的场所。不过均输法仅推行于东南六路,对富商大贾的约束范围,还不是最广泛的。到市易法实行后,这些人才受到更大的打击。

市易法颁布于熙宁五年(1072年),就是由政府设置专门机构,直接吞吐物资,参与交易,以平抑市场物价。起先,在汴京设市易务,由内库拨钱100万贯,京东六路钱87万贯作本钱;不久汴京的市易务改为都市易司，在边境和各地重要城市相继设立市易务（22个）。主管市易务的是政府指派的"提举官"，在市易务里吸收一些守法的商人来办事，充任"监官"（二员）和"勾当公事官"（一员）；并招收各行的行户和牙人充当市易务的"行人"和牙人，在政府指导下从事正常的营业。外地客商运来货物可卖给市易务，由务里的行人牙人会同客商公平议价，成交后由市易务付给现钱或按客商要求折给别的货物。客商运来的货物，如市上暂不需要，只要能"蓄存变卖"，市易务也予以收购储存。市易务具有平抑物价的职能：价贱则稍增价收购，使其不致伤害商人的利益；价贵则稍减价出售，使其不致伤害消费者的利益，把开阖聚散之权从大商人手中夺归官府掌握，而且限制了他们压价收买（对外地客商）和抬价出售的不法行为。

市易法来源于桑弘羊的平准法，但也有它自己的特点。即：参加市易务工作的商人和各行各业的行人，在提交一定的金银财产抵押（"契书金银抵当"）和相互作保（"结保贷请"）的条件下，都可向市易务赊购自己所需的货物，在市上售卖。贷款在半年至一年内偿还，年利20%。也就是说市易务搞批发，行人搞零售；市易务是商业机构与金融机构的结合。这是王安石的新的发展。

随着市易法的实行，原先操纵行业组织、掌握商品定价和货源分配的富商大贾的经济特权被剥夺，无法再操纵市场，"较固取利"。而中小商贩则能在统一、公平的价格下向市易务批购（或赊购）货物，比过去同大商人打交道时，成本甚至可降低十之八九。消费者在一定程度上解除了大商人高抬物价所加重的负担。政府从市易务中也可增加财政收入，熙宁十年仅汴京一地即可得"息钱"140余万贯。

均输、市易分别行于地区贸易与城市商业之中，在农村抑制商业和高利贷资本的政策则有熙宁二年（1069年）实施的青苗法。王安石鉴于常平仓于农民无多实惠，不如把各仓现存粮食和现钱（1500万贯石）充作本钱，贷给农民，帮助他们安排生活，发展生产，免得向豪强兼并之家借钱，出"倍称之息"，这就是青苗法的由来。所借的钱叫青苗钱，由民户自愿请贷，在正月底、五月底以前分两期发放，贷款数额依民户资产分五等，一等户每次可借15贯，客户和第五等户不超过一贯五百钱；以后随同当年夏秋两税于六月、十一月偿还，每期利息20%，遇灾可延至下次收成时归还。在兴修水利、垦辟荒田处贷款归还期1~2年，利息20%。请贷户以5户或10户结成一保，相互检查。贷款以现钱发放，按前10年粮食平均价，将贷款额折成实物数，到期则以归还实物为原则（因新粮上市价格较贱，归还现钱就等于叫农民多抛出粮食）。如自愿请贷实物或到期粮价贵愿偿还现钱的亦可。青苗法是农贷和预购的结合，地主豪商对农民的重利盘剥由此受到限制，兼并势力在农村中活动地盘缩小了。农民"不患缺食"，"田事加修"，促进了农业生产的发展。每年放出的青苗钱可得二百几十万贯的利息收入，对国家也很有好处。

4 王安石的商业思想以及对它的评价

王安石抑商是抑制商人的兼并活动，而非限制商业的正常运行。他说过："盖制商贾者恶其盛，盛则人去本者（弃农经商的）众，恶其衰，衰则货不通。"他继承刘晏的思想，发展官商而利用私商，对奸商良贾、大中小商人区别对待，而且比刘晏更为强调对私营商人的利用，时代越晚，在国家干预经济的前提下给私营商业的自由也更多了。

王安石的抑商主要不是在商品专卖上打主意（仅川茶由茶马互市而改为专卖）。"榷法不宜太多"是他不同于桑弘羊的新观点。

尽管王安石的政策因触犯豪商显宦的利益而遭到激烈的反对和破坏，在执行中也有若干非立法原意的流弊，但延续16年之久的变法运动，通过收夺豪商富人之利，发展了农村经济，使政府财政困难的局面得到扭转。由于生产的发展，加上国家对商业控制的加强，一时物价下降，市场趋于稳定，人民生活安定。"民卖田常苦不售"，兼并之风渐衰。北宋前期以来商业发展的势头在熙宁元丰时期仍能继续发展下去。王安石的控制与开放相结合的商业政策，还是顺应了北宋时期商品经济有长足进步的历史发展趋势的，确实堪称为"中国十一世纪时的改革家"（列宁语）。

十七　敛钱能手蔡京的病商之政

北宋元丰八年（1085年）三月，神宗病逝，10岁的太子即位，是为哲宗，太皇太后高氏临朝听政，召回反对变法的保守派官僚，委以重任，尽废新法，史称"元祐更化"。元祐八年高氏死，哲宗亲政，贬逐守旧派，重新召用变法派，恢复新法，但已大不如前。未几，哲宗死（1110年），其弟徽宗继位（1101～1125年）。在新旧两派中倒来倒去善于投机的政客蔡京（1048～1127年）为相，内结宦官，外连朝士，广树党羽，窃新法之名，行搜括之实，推行了一套比唐德宗厉害几倍的掠夺商民的聚敛政策。除了把市易务（改称平准务）变成抑价收买、抬价出售以笼取厚利的商业机构，并加重对商税的征收以外，尤其突出的是王安石时认为不宜太多的榷法，到蔡京手里是唯恐其不多，商品专利制度已成为蔡京集团敛钱的更为重要的手段，对人民的严重危害达到惊人的程度。

蔡京从食盐专利上面大肆搜括

当时盐课是专利中最大宗的收入，蔡京首先就从食盐下手。

北宋前期食盐的专卖有两种形式：部分地区实行官收商销，沿边入中粮食，以盐抵付，允许商人在商销地区内运盐销售；部分地区（东南各路）则为官运官卖，直接专卖，收入补充地方经费。在沿边入中的做法下，商人往往勾结官吏虚估入纳粮食的价格，以多换取食盐，官商争利矛盾时起，故后来变更制度，实行现钱买盐，价格优惠，计钱给券的"钞盐法"。商人凭钞支盐，官府以钱籴粮，盐粮的交换脱了钩。钞盐法的盐利归于中央，与东南盐的利归于地方不同。蔡京当政时，乘解池为秋霖所坏不能出盐之机，将河北、京东盐放入原解盐区内顶替，见收入可观，立即推广至东南海盐区，除闽广外，尽罢官卖，发钞，也实行通商。从此"盐利尽归于榷货务，不在州县"，达到了蔡京"欲囊括四方之钱，尽入中都，以夸富强而固恩宠"的目的。

蔡京"开阖利柄，驰走商贾"，主持盐政前后共达17年之久。他从盐钞上弄钱，玩弄换钞、加价的手法，极尽巧取豪夺之能事。

换钞始于解盐旧钞。崇宁二年（1103年）规定商人以旧钞请盐必须再买新钞，旧三新七相互搭配，旧钞一半给东南盐钞，一半给官告或其他杂物。崇宁二年起，又规定旧钞换请东南盐钞者每十分内要贴输现钱数分，谓之贴纳。经贴纳换得新钞后可带行旧钞数分，谓之对带。贴纳分数越多，支盐越在前面，所带旧钞也越多。后来换钞推广到东南盐本身。前钞方行，而后钞又复变易,如不贴纳对带,则前钞就成为废钞。到宣和初又变对带为循环。所谓循环,是已卖盐钞尚未授盐,又更发新钞,已更新钞而盐仍未给,又要交贴输钱,以至"凡三输盐,始获一值之货"。而盐钞本身的价格也一涨再涨,蔡京改盐法前解盐盐钞每斤市价16钱,蔡京提高至每斤40钱,后为43钱。

政和三年(1113年),蔡京又进一步推行"引卖法"。因钞法已坏,而改名为"盐引",实为一种新钞,作为国家特许的商人行盐于"引地"的纳课运盐的凭单使用。原钞盐法时,"一书一札"单券之盐钞仅为交易之证券,支盐后当日即涂抹撤销,不起运盐执照作用(运盐另给文字凭证),蔡京则规定了一套细密的引制。"引"为"两书一札"二券,有如合同。商人买引,榷货务将盐引编号,每引一号,前后两券,用印钤盖,其中析而别之。以后券给商人("引纸"),前券作底簿("引根")押发盐场收管。商人持引到场,照号复核无误才得支盐。盐场按引秤发盐斤,运盐时沿途盘查,注意掣验,使引目行使,关防加密,以防止夹带斤重,重照影射。改过去的用船散装为用囊(袋)装盐,袋由官制,不准私造,官袋严密封印,不许私拆,违者受杖刑,袋只用一次,禁止再用。每袋限300斤,取消过去给商人的加饶脚耗十分之一。20袋则以一折,验合同、递牒给商人收执。有欲改指别场者,批销号簿钞引,仍用合同、递牒报所指处支盐,随引护运。盐引有许运他路的长引和只销本路的短引之分,使用期限为长引一年,短引一季,遇故展期，须经批准，不超过半年，到期盐未全售者，引即销毁，盐没于官。伪造盐引者依伪造川钱引定罪。蔡京等人就是"多为节目"，务求把盐利控制于官府之手。在政和五年、六年的两年间盐利收入即达4000万贯。

茶叶的专卖

蔡京在大改盐法的同时又大改茶法，真做到"茶利自一数钱以上皆归京师"。宋初茶叶实行专卖，除小部分地区（淮南）实行官卖和四川不实行专卖外（王安石变法前），大部分地区都实行通过商人运销的间接专卖制，并且同盐一起与沿边入中挂上了钩，也深受虚估之害。仁宗嘉祐时取消对茶叶的专卖，实行"通商"（福建除外），官府只向园户收取"租钱"、向商人收取"征算"，对茶叶购销不再干预。但蔡京认为罢禁榷而行通商，"四十余年，利源尽失"！为了收回利源，于崇宁元年，罢通商，而行官卖。后来蔡京觉得：园户的茶叶官为收买，要先垫付大量的本钱，并不合算。因此于崇宁四年（1105年）起又实行茶叶的"引卖制"，政和二年（1112年）更制定周详的条例，规定：商人先在京师都茶场缴钱，买茶引，凭茶引可到产地同园户交易，在官吏监督下，在"合同场"秤发。引上注明何时买茶，销往何地，临时转销他处，须申请批改文引，越境贩茶作走私论罪。私造茶引者如川钱引法（罪以徒配）。茶引钱，短引20贯，许贩25

斤，长引100贯，许贩120斤，由官府净拿，商人买茶时向园户另付茶价。茶引使用有期限：长引一年，短引半年，到期缴销。盛茶的笼篰由官府特制，售予客商，火漆严密封印，不许私拆，用私笼篰以私茶论。蔡京这一套对商人严加管制，官设笼篰，查验盘问，引价苛重，禁私法峻，专卖色彩仍很明显，是专卖制中属于"委托专卖"的一种形式，可称为"商专卖制"。盐虽通过商人运销，但仍由官收，不同于茶之官不收茶（官不垫本），但盐后来改钞用引的引卖法，却是从茶的引法移植过去的。通过卖引、提价、没货等一系列强化措施，政和六年（1116年）东南茶一年收息猛增至1000万贯。

在盐茶之外，蔡京对酒利也毫不放松。他派出官员监临酒务，提高酒价，且所增酒钱上缴比例不断提高，以至"悉充上供"，为户部用。

3 蔡京政策对人民对社会的严重危害

蔡京等人对盐茶酒的销售定下了比较之法。为防止盐由官卖转为商销后，地方官对之不关心，特规定"出卖州县，用为课额"，以卖盐多寡定州县官吏政绩好坏等次，每个季度评比，严加督促。这样，官卖虽罢，抑配仍行。东南诸州，每县三等以上户，都按家财高下，勒认盐数多寡，上户一年有摊至千贯者，三等末户亦不下三五十贯，依数买盐，以足岁额。茶亦严立比较之法，州郡乐赏畏刑，唯恐负课，优假商人，上户抑配至十数引。陕西非产茶地，为完成岁额，也多方招诱外地豪商，否则商人就要"批改文引，转之他郡"了。酒也行比较法，一个酒务分为几个，使之互相比较，彼此竞争，以增亏为赏罚。

蔡京等人还"重扇摇之令"，禁止人们议论法令，用的全是高压手段。

从盐茶酒上广事聚敛，取得了大量的收入。上自军国所需，下及宫闱服饰、百官支费，以至豪门厚赏、墨吏贪滥，都仰给于此。但聚敛越多，危害越甚。盐商在不断换钞中，许多人因无资更钞，已交纳的钱全被没收，数十万券一夜间被废弃，"朝为豪商，夕侪（音chái，义同类）流丐"，甚至有投水上吊自尽的。茶商日子也不好过，一点小事不合法就被抓起来，被诬是贩私茶，货物没收，还得给告发人出赏钱。茶商们把茶专卖的象征物——笼篰叫做"草大虫"，意思是茶法"伤人如虎"。

老百姓在蔡京的盐茶专卖上也吃尽苦头。东南各路"自行钞法，漕计窘匮"，横敛遂起，过去以食盐偿付和买绸绢，行钞法后，不给盐而白收绢；过去以盐利和籴，行钞法后，州县重取百姓"耗米"以给，人民负担由此大大加重。在比较法督责下，民户被摊派食"杂以灰土"的贵盐，名为商卖，实则强迫命令，比过去官卖时的抑配更有过之，甚至连婴孩驼畜都算到抑配数内，使百姓受害，家家愁叹。茶叶也因实行比较法后，地方官以抬高茶价来招致豪商，增加税收，结果，销不出去的高价茶也和盐一样摊派于民户。陕西每斤茶叶竟收人家五六贯钱，合米二三石之多。酒，同样因比较法的驱动，官吏想的是如何增加酒课，高价抑配、薄酒贵卖等害民之事就层出而不穷。

蔡京敛财的后果，正如徐勣对徽宗所说的，下民所受疾苦，以茶盐法最为严重。他指出私贩盐茶的人"十百为群，披甲荷戈，白昼公行，若聚而为盗，则可忧"。宣和时果然发生了农民起义。左相王黼为归罪蔡京，开脱自己，也说这是由茶盐法引起的。

北宋末叶，以聚敛为宗旨的由蔡京主持推行的专卖制度，有些具体做法，因有助于管理（如引制）或对生产者控制较松，给以便利，本身并不算很坏，遂为后世所沿用；但其换钞、加价、比较等捞钱手法实在太糟，其人也十分可鄙，在中国历史上，蔡京可算是一个坏典型，其聚敛政策所造成的弊病给后世留下足以发人深省的儆戒。

十八　南宋商业的发展和叶适的保富、反"抑末"思想

北宋政权垮台后，宋高宗在南方建立偏安的南宋王朝（1127～1279年）。依靠人民英勇的抗金斗争，赢得了一个半世纪的稳定局面。在劳动者的辛勤努力下，南方的生产继续前进，粮食和商品性农业（茶、桑、甘蔗）产量增长，城市手工业生产已相当发达，在此基础上商业也比北宋时有进一步的发展。

南宋城乡商业的再发展

都城临安（杭州）城内及南北二厢有30万户，河道码头商船云集，坊巷、桥道、院落"大小铺席连门俱是"，"处处有茶坊酒肆面店"，繁华景象有"天堂"之称。临安以外，号称"繁难大邑"的尚有三四十个，其中不少城市"恃商工为活"，如平江（苏州，当时称"金扑满"）、镇江、吴兴，长江中游的襄阳和上游的成都等，都是很有基础的丝织业中心，手工业和商业在

城市经济中已占相当比重,而不仅仅是消费性城市,这是南宋城市的一个明显的特点。

南宋城市,种类繁多的商品充盈于市肆,临安有440行业,行业之多又倍于唐时。除丝织印染等大行业外,其中大部分是日用生活必需品,诸如家用杂物、衣带服饰、儿童玩具、文房用品、纸烛梳扇、靴帽针线等无不具备,许多名优产品行销各地,为商人们所乐于经营。商业已开始改变其主要运销名贵土特产和奢侈品,为少数顾客服务的狭隘性,由往往是畸形发展转而为建立在比较可靠的基础之上,这是新阶段商业发展的一个进步表现,在南宋时已表现得很明显。

城市以外的商业在南宋更有显著的发展,由草市演变而来的镇、市大量出现。临安所辖的赤县下有15个镇,商贾买卖10倍于北宋;明州鄞县有1镇8市。不少商业繁盛的镇、市被提升为新的县治,如两浙路的嘉定、庆元,广东的香山等。墟市在南宋也更加普遍,仅广南一地就有800多个墟市。

商品流通的发展使货币需要量大为增加,北宋中叶开始应用的、世界首创的纸币(交子),在南宋时已日益替代铜钱成为重要的交换手段,以交子、关子、会子、钱引的名称在各地广泛流通。

南宋对外贸易的扩大

由于南宋时商品生产的扩大有向外扩大推销产品的要求,再加上财政困难的南宋政府"倚办海船"增加收入，招徕奖励不遗余力，因而对外贸易大大发展，以至超过了北宋。通商的国家、地区达50多个，全靠海路，输出商品100多种，以丝织品为主，今"海上丝绸之路"之称即由此而来；瓷器出口亦盛，在欧洲竟与黄金同价；糖霜（冰糖）也是当时中国出口的著名的特产。

进口商品由北宋的50多种增加到320多种，其中除运京的细色货物70种外，运京粗色货物110种，不运京留在当地出售的粗色货物140余种。这些"粗色货物"要占到进口货的四分之三强，属于普通药材、木材、服物原料等一般消费品，奢侈品的进口比例已大大下降，说明对外贸易已开始和广大人民发生了关系。

为了抽解（十分之一的实物）、抽买（十分之三）、管理外来舶商和本国商人的出海贸易，官府特设立市舶司。除广州（唐时已有）和北宋时所设的杭、明、泉州3处外，又增加了秀州、温州、江阴3市舶机构。7市舶司（务）中，泉、广二处最大，年收入均达200万贯，泉州因距临安较近，地位逐渐超过广州，成为南方最大的商港。

3. 新兴的工商业者阶层的崛起及其代言人——叶适的重商思想

在商品货币经济空前发展、国内外贸易迅速增长的情况下，城市中工商业从业人员的队伍日益扩大，相当一部分中小地主兼营工商业的人数也日益增多,专业的和兼营的工商业者已形成了一个新兴的阶层。这部分人要求有一个更快地发展商品经济、更多地增殖私人财富的条件。但由于封建国家政权的抑制、打击和大地主阶级的兼并侵渔,他们的切身利益受到了严重威胁。尤其是南宋政府越来越苛繁的商税征收、越来越严酷的茶盐专卖和越来越紊乱的纸币发行,更使工商业者们感到难以承受。因此,他们在经济问题上反对封建国家直接经营或控制工商业,反对过多地干涉私人经济活动的要求和愿望是十分急切的,其希望提高工商业者地位的心情也是难以抑制的。这是经济发展在意识形态上引起的一种新动向,南宋时的永嘉学派的学者就是这种新思潮的代言人。永嘉(今温州)地区手工业素称发达,商业繁盛,对外贸易活跃(新设市舶司),有"小杭州"之称。与工商业有千丝万缕联系的地主阶级知识分子多,产生这样一个鼓吹重商的学派并不是偶然的事。永嘉学派的代表人物是叶适,其经济思想即集中反映、明确表达了这个上升的阶层——富民阶层的愿望和要求。

叶适(1150~1233年),浙江永嘉人,自号水心先生,出身贫穷,科举入仕,官至江淮制置使。后在政治斗争中免官还乡,潜心研究学问,著有《水心集》,和陈亮一起提倡功利之学。叶适思想的核心是大胆地提出保护"富民"经济利益的"保富论"。他认为"富民"是借以"供上"的国家财政收入的主要来源,同时也是为国家"养民"的人(富人出租土地、放债、雇工、买奴都是养民），因此是一国"上下之所赖"的社会中坚。"虽厚取赢以自封殖，计其勤劳亦略相当矣"。国家不应"破富人以扶贫弱者"；对"贪暴过甚"的富人也只能"教戒"；不听教戒的也不能惩治过重，以致破坏富人。由此出发，他不同意实行抑兼并的政策，实际上是侧重于同情那些"上当官输、杂出无数"，时常应付官吏"非常之需"的一般中小地主。他要求保护而不要抑制他们从扩大土地占有数量和兼营工商业得来的财富；要求尽量减轻富民的财政负担，而不要向他们多所索求。

在保富论的原则指导下，叶适提出完全开放工商业自由经营的主张。他把批判矛头指向传统的抑末思想；他对国家直接经营工商业的一切活动表示非议，尤其反对王安石的市易青苗等措施。在他看来"富人大贾"在流通领域中与国家共同分享轻重之权"，已有悠久历史，不可遽然夺之；"嫉其自利而欲为国利"，是尤其不可的。

叶适倡言："夫四民交致其用而后治化兴，抑末厚本，非正论也。"他指出士农工商四业虽分工不同，但相互为用，缺一不可。为了提高工商业者的地位，叶适借孔子"有教无类"之说，以为工商之民也可进入士的行列。企图为工商业者争取一定的政治权利，以保障其经济利益。

本来，起于先秦的抑商政策中抑制富商大贾的兼并、投机行为这一主要内容已久被搁置，商品的专卖制度早已让位于官商（大商人）共利，官商分利的政策，失去抑商的意义（只有王安石变法中才有抑制一下富商大贾的措施），但由于封建国家建基于农业，仍然强调要防止弃农经商。由于封建国家的商品专利制度虽方便保护大商，而不便、不利于中小商人的正当经营，由于工商尚被排斥于仕途之外，其政治地位低，还由于讳言财利的观念的束缚，营求工商之利并不被承认是正当的。正由于这些，使新兴的工商业者以及中小地主兼营工商业者感到其发展不能拥有充分的自由，而把这归咎于传统的抑末思想在作怪。因此，反"抑末"就成了新条件下思想界的热点，成为叶适的与其保富论密切联系的一个重要内容。不论其对历史的批判是否合适，却是反映了南宋商品经济已有进步发展的客观事实，表现出明显的时代特色。

叶适的思想有其进步的一面。他的"四民交致其用"论说明了他对工商业的地位和作用具有清晰的认识，对封建社会里发展着的商品经济持积极的态度。他敢于率先对重本抑末论正面地提出公开的挑战，作为一种开风气之先的先行思想，确使当时人耳目一新，为把新兴工商业者阶层推上历史舞台大造舆论声势，也为后来的进步思想家所继承和发展。如明清之际的启蒙思想家黄宗羲的斥重本抑末论是"世儒"的妄议，而提出"工商皆本"的口号，正与叶适的思想一脉相承。

但叶适的思想又有其一定的局限性。他反对抑兼并，虽有反对封建政权借口抑兼并而进行聚敛的一面，但也有连带地为大地主大商人的兼并活动张目的消极作用。他反对抑末，虽有保护工商业者经济利益的一面，但为私人的剥削行为大唱赞歌，主张完全放任私人经济的自由发展，连国家经营必要的工商业，对社会经济进行必要的干预和调节也完全排斥，甚至连历史上实行过的已证明卓有成效的有关政策也完全予以否定，就失之偏颇了。他反对聚敛，反映了工商业者和兼营商业的中小地主与封建国家争夺剩余产品的斗争，表达了这个阶层对苛捐杂税的强烈反感，但把"取诸民用而供上用"，不管采取什么方式，统统说成聚敛，认为"财愈少而愈治"，则又走向了极端。他批判抑末思想，但实际上把施行之初或在一定条件下尚有积极的社会意义的、理财性质的抑商政策（抑制富商大贾的不法活动，抑制弃农经商的不良风气），与蔡京之流的"行钞法、改钱币、诱赚商旅"等刻剥商人的真正聚敛性质的病商之政混为一谈，而一律看成是"以盗贼之道利其财"。不论采取何种政策，好像商人的经济利益是天然动不得的。这些都是叶适的思想在富有批判精神这一主要优点的同时所存在的弱点。叶适的思想就是这样，一方面从理论上推动私人经济的发展；一方面又在为私人经济的过分自由发展作辩护时提供理论依据。在宋以后商品经济继续发展的条件下，叶适的思想对思想界从正负两方面发生着深远的影响。

十九　卢世荣改革的失败和元代商业的畸形化

1271年（元世祖至元八年）忽必烈改国号蒙古为"元"，6年后占领了南宋都城临安，开始了对中国的短暂统治。在元王朝统治时期，阶级压迫、民族歧视严重，商业发展也受到很大的限制。

1 元代商业的畸形发展

元统治者依靠强大的军事力量，在幅员辽阔的土地上，逐步恢复了农业生产，发展了庞大的手工业（官府为主，毡毯丝织、瓷器十分有名），开辟了由国内以至中亚的陆路交通（驿路），疏浚了由大都（北京）至杭州直北直南全长3400余里的大运河。按理说这些应为元代商业发展提供空前有利的条件，但实际上这一时期商业的发展却是畸形的，与南宋相比非但没有发展，反而出现了倒退。商业主要为统治阶级穷奢极欲和谋取暴利服务，这一点在元代表现得尤为突出。在各个城市里奢侈品商业特别繁盛，同一般人民关系较大的商业则呈现逆转的趋势。高级消费品在国内市场上销路毕竟有限，需要向外输出，同时也需要从海外输入珍奇物品来供统治阶级享受。这样，对外贸易的发展就领先于国内贸易，形成了内外贸跛行的状态。元代的货币经济虽大有发展，纸币大量使用，但以滥发货币为弥补财政窟窿的手段，引起恶性通货膨胀，物价飞涨，人民生活困苦。为增加财政聚敛，对主要商品的专卖专利政策大大加强，非专卖的商品和私人经营的商业也都课以重税。民间商人备受排挤和限制，由西域来的"色目商人"集团，居于特殊有利的地位，垄断了商利，操纵着市场，成为元统治者掠夺人民的有力帮手。这种种非正常的情况都说明元代的商业并未借着宋代以来的发展势头，沿着康庄大道继续阔步前进，而表现出很大的局限性和曲折性。

为什么会导致这种局面？原因很多，其中很重要的一条是元代没有合理的商业政策，缺乏卓越的身系国计、用之则盛、遵之则治的管理经济和管理商业的理财家。即使一些人才颇思有所改革、有所建树，也始用之而终疑之、黜之、诛之，增添了一段历史悲剧。这方面突出的例子是卢世荣改革的失败。

② 卢世荣改革的合理内容及其失败结局

卢世荣（？～1285年），汉人，善理财。忽必烈在位后期，为"救钞法，增课额"，被召为中书省右丞，一时颇受信任，提出许多整顿、改革措施。他一上台（至元二十一年）所做的第一件要事是治理通货膨胀。办法是：增加铜钱，与纸币并行流通，恢复金银自由买卖，作为货币流通，再加绫券与纸钞同时流通，以减轻社会对纸币需要的压力，使纸币贬值的速度得以减低。在这一点上卢世荣同藉增发货币来进行财政聚敛的人大相径庭。

卢世荣的反通货膨胀政策，不仅仅着眼于货币制度本身，而且在财政、物价上也提出相应的配套措施。

在财政上，卢世荣主张把豪门富室所占的商利收夺过来，以增加国家的财政收入。针对京师富豪户酿酒酤卖，价高味薄，且不按时输课的情况，请准实行酒类专卖。除官自酤卖外，私营酒户想自造酒可自具工本，官司拘卖，"米一石取钞十贯"，改变旧时只取钞一贯利归豪民富户的做法。不交纳重课而私酿者治罪。卢世荣计划，用裁抑权势所侵利益的办法，使国家增收300万锭（一锭为50贯）。酒的专卖收入即为其中的一条重要来源。

元代海外贸易特别发达，市舶司虽可从中取得一定收入，但权豪富商操纵了海外贸易，获利更多。卢世荣当政的第二年（1285年）即建议：立市舶都转运使于泉、杭二州，由国家出资造船掌握海上运输工具，使巨额外贸利润转入国家之手。办法是由政府提供船只本钱，选人入蕃，贸易所获之利润，以十分为率，官取其七，所易人得其三。不许权势之家用自己的钱入蕃经商，犯者治罪，籍没其家产的一半。这就是有名的"官本船法",是卢世荣裁抑权势,增加国库收入思想的又一体现。

增加财政收入的另一种办法是完全禁止权势擅占产铁之所,由政府立炉鼓铸,制器出卖,即实行铁器专卖,而且是采取了官卖法。

从经营商业的环节上也可开辟增加财政收入的门路。根据卢世荣的建议在各都会立"市易司",率领各行行人按商人货物的四十分之一取税。所取之税以七为率,四分给牙侩,六分(相当货物总值的1.5%)为官吏俸。有此来源也可少发一点纸币。

在增加财政收入的同时,卢世荣采取措施,平抑物价,以缓和通货膨胀的不良后果。

首先,他设立常平盐法,以平抑盐价。元代"国之所资,其利最广者莫如盐"。为此实行食盐专卖,除部分地区官自卖盐,验口给盐,直接配售外,其余都由盐商纳钱(或谷)购取盐引,凭盐引取盐、销盐,不得越界私贩。但盐商大都是权豪富贾,往往哄抬盐价牟取暴利。卢世荣鉴于食盐原先官府定价每引15贯,国家未尝多取,而富豪诡名罔利,停货待价,至一引卖80贯,京师120贯,以至贫者多不得食,故奏请批准,以全国盐产量的三分之二即200万引给商,三分之一即100万引散诸路,立常平盐局。食盐的官价调至20贯,以冲销通货膨胀的因素,企图把盐价稳定在一定的水平上,打击不法商人的抬价取利,同时也增加国家盐课收入。常平盐法源于唐刘晏,卢世荣推行面扩大至诸路、各县以至人烟凑集之镇市,而非

十九 卢世荣改革的失败和元代商业的畸形化

如刘晏仅限于僻远地区。

卢世荣还加强常平仓,以平抑粮价。他建议以官卖铁器所得利润,加上常平盐局所得盐课,收贮粮粟,充实常平仓。如粮价上涨即开仓平价出售,"使物价恒贱"。常平仓法虽源于前人,但正如卢世荣自谓"不费一钱",就可解决常平籴本的问题,其与盐铁专卖收入相结合,为平定粮食市场价格准备一笔基金的设想,颇有创意。

卢世荣一系列的政策措施具有浓厚的反权豪色彩,处处都在同权豪富商相争;但他也并非主张由国家来全面垄断工商业而不给私人留下任何余地,在某些场合他还是主张取消或减少官府对经济活动过多的控制。如酒类专卖只是为了改变原先富商酿酒高价出卖,以次充好,偷税漏税的那种状况,至于乡村百姓酿酒还是允许的,并准平民造醋食用。他入中书的第二天,即奏请忽必烈下诏:取消怀孟诸路竹监,使老百姓能自行栽植和售卖竹货,政府只管收税。又解除江湖捕鱼的各种拘禁,按原有定例课税,使贫民能在江湖采捕,恃以为生。在对待小生产者和小商贩的态度上,卢世荣和对待权豪富商又是判若两人了。

卢世荣还提出其他许多建议以改善贫困人户的处境。如改"平准库"为"平准周急库",以库存资金贷与贫民,轻取利息,使他们从年利高达百分之百的"羊羔儿息"的重压下解放出来,对那些蒙古族、色目特权商人集团经营的高利贷从一个重要方面给予限制。又如免民间包银三年,官吏俸免民间带纳;免大都地税；江淮贫民鬻卖妻子的，政府收赎，使为良民；四乡复业的流民，免其差税；乡民造醋，免收租课；江南田主收佃客租课减免一分等，也都被采纳施行。

卢世荣这种有利于贫弱，不利于富豪的政策受到权势人物的猛烈反对。他们唆使言官交章弹劾，动摇了年事已高、有点糊涂的忽必烈的决心。还不到半年卢世荣就被赶下台，系狱7个月，最后得到了"刲（音kuī）其肉以食禽獭"的悲惨下场。

3 对卢世荣的评价以及卢世荣以后的元王朝的商业

卢世荣之死，是西汉盐铁会议后桑弘羊被害致死的一段历史的重演。卢世荣力主收夺权势富豪的经济阵地，使之转归国家控制，以增加国家从官营工商业中所得的经济收入，而减轻农民的租税负担。这种思想就承袭自桑弘羊，时至元代尚有这样的理财思想实属难能可贵。尤其是卢世荣将平衡财政收支、平抑物价与整治钞法联系在一起，统筹兼顾，而不是孤立地整治钞法，更见其理财思想之卓越，是桑弘羊整顿钱法、增加财政收入、平准市场价格思想在实行纸币条件下的新发展，也为他人所不可及。卢世荣自己也深知"裁抑权势所侵"，"多为人所怨"，处境危险，但还是知无不言地提出触及广泛范围的改革方案，面对强大的、腐化而专横的反对势力而不退缩，他不愧为元代乃至中国历史上的一位有勇气的改革家。

卢世荣死后元代更无像样的理财家能推行较适当和稳健的财政经济政策，商业发展越趋畸形。食盐专卖政策已不与裁抑权势相结合，而唯求加价增价，变成单纯的敛钱工具，权豪亲贵托名买引，夹带斤重，增价转售，百弊丛生，盐商之豪富亦已足与王侯相埒。酒的专卖兴废无常，举棋不定，酒课增多来自酒价之高（贵于宋时），至有"务中税增价愈贵，举盏可尽官缗千"之语。商品垄断加强，除盐铁酒醋茶外，金银铜铅锡矾竹木等无不在官府控制之内。海外贸易的厚利又因恢复民船私营（包括贵戚皇族的私营）而落入豪门私家之手。钞法益坏，通货膨胀之势不可遏止，交钞被视同废纸。税敛名目繁琐，税网越来越密，取数越来越高。除三十取一的正课以及船料税外，还有杂税敛 32 种。历日、契本、河泊、山场、荡、窑冶、房地租、门榷、蒲苇、煤、柴、姜、鱼苗、乳牛、食羊、曲醛、山楂……无不有税。贫者愈贫，富者愈富，民情沸腾，更无宁日，仅统治了 97 年的元王朝即告覆亡。理财无人，聚敛有术，和元祚之短也有密切的关系。

二十 朱元璋的恤商和明初的盐、茶、钞法

朱元璋依靠农民革命的力量推翻了元朝，建立了新的封建政权——明朝（1368～1644年）。为了恢复十分凋敝的农村经济，明太祖朱元璋实行移民垦荒、兴修水利、屯田、减赋等措施，大力扶植小自耕农的农业生产，并推广棉花的种植（规定种植面积，税粮可以棉布折缴），使棉织业大为发展。在此基础上商业有了恢复和发展的条件，而明初对商业采取的政策是比较宽松的，对商品流通的正常发展有积极的意义。

1 明初的恤商便商政策

明初法令规定，凡农家许着绸纱绢布，商贾之家只许着绢布不许穿绸纱。这无非是汉法不许商贾"衣丝"之遗意，用意在于长期战乱、田地荒芜，为劝诱农民迅速恢复生产，必须抑止弃农经商之风抬头，并非要真正打击商人。实际上朱元璋采取了许多便商恤商的措施，用来促进商业的发展，对商人的态度还是

较好的。他说"商贾之士皆人民也",鉴于商贾多不读书,特命儒士编书教之。中国历史上商业教科书正是在朱元璋时问世的。

元朝的商税非常苛重,朱元璋首先对此进行整顿,税率降为三十分之一,超过者以违令论处,凡不上市的产品不收税。洪武初天下税课司局凡400余处,洪武十三年(1380年)裁撤了364处。同年规定"军民嫁娶丧祭之物,舟车丝布之类皆勿税",又取消了原来对某些竹木场的抽分制度。到其子明成祖朱棣手里,再次明令"凡嫁娶丧祭时节礼物、自织布帛、农器、食品及买既税之物、车船运已货、鱼蔬杂果非市贩者,俱免税"。公布详细品名,以防官吏苛征。明初从轻从简的商税政策,尤其是一般零星民用物品和农具、书籍的免税及竹木柴薪的一时免于抽分,更有利于中小商人做买卖,也有利于减轻人民的一些负担。

朱元璋还在洪武二年(1369年)下诏令内外军民官司不得以和买扰害于民。官府缺用之物照时价两平给价,不许放纵胥吏等作弊。宫禁市买东西还要照时价多给十钱。这也给商人带来好处,对宋元以来官不给值民仍输物的和买是个改革。

洪武时建都南京,军民居室,连廊枅比,无有隙地。商贾至京或止于舟中,或赊货城外,牙侩从中把持,杀价抑买,商人深以为苦。朱元璋命人于三山诸门外,涉水为房几十所,名曰"塌房",以保管商货,免使商人受牙侩的中间剥削。存放塌房之物,出官税钱三十分之一,免牙钱三十分之一,房钱三十分之一,与看守者使用。纳税后，商人可自由贸易，等待适当价格出售，不再有被人明抽暗骗杀价抑买之忧，塌房（官营仓库）制度也是明初便利商人的一个较好措施，有利于地区间的物资交流。明成祖迁都北京后，仍依照这一制度建造了许多塌房，并逐渐普及到各大城市。

商品专利政策和货币政策

明初对主要商品的专利政策也比元代大为放松：酒醋允许私人酿造售卖，而只征收一点税；铁"令民得自采炼，每三十分取其二"，也不禁榷。只有盐茶因关系军国大计，仍实行专卖，但也是容纳商人，与商共利，而不是完全排斥商人。

盐，于产盐地设官管领，招商买引，在规定的"引界"内行盐，严禁不经特许贩运私盐。但当时还实行了一种新的官商结合的销盐制度，名为"开中"，即商人贩粮到边境，领盐引回到内地取盐的制度，性质上是一种民制官收商人运销的就场专卖制，形式上也是卖引法。此制创行于洪武三年（1370年）因北方边防军饷的需要而产生。先是由商人运粮，给盐以充脚费。洪武二十八年起改由商人纳米，所支的盐是粮价加脚费。盐粮之间的交易规定一定的比例，如纳粟二斗五升，给盐一引（200斤），等等。"开中"的作用类似宋初的"入中"，但却是实物直接交换，粮食不通过货币作价，可免宋入中时的"虚估"之弊。朱元璋严禁官吏经商，食盐开中的招商是出榜公开进行的，不准公侯官吏"行商中盐侵夺民利"。

在实行"开中"时,附近的山(西)陕(西)商人,远道的江淮商人,纷纷奔走于各边镇。商人为避免运输和收购中的种种困难,就自出财力,在边地就近雇人垦种,建筑台堡,自相保聚,就地生产粮食,以换取盐引。这种寓屯于盐的做法——"商屯",促使边境荒地得以开垦,军粮储备充足,边防进一步巩固,边地也随之繁荣起来,粮价趋贱。商人掌握大量低成本的粮食,获利就更多。故有所谓"有明盐法,莫善于开中"之语,在当时颇受称道。就是一般买引而不开中的盐商,在洪武年间因盐的引价便宜(每引纳银8分),也很有利可图(开中一引纳粟25升,粟一石以银二钱计,只合银5分)。永乐以后"商人也能获利什五"。政府征税很薄,商人获利至厚,所以盐价平贱,人民亦受益。明初的食盐专卖政策很大地发展了这一主要商品的正常流通。

茶叶是仅次于食盐的一项重要的专利商品,明代的茶叶专卖采用引法。洪武初令商人于产茶地买茶,纳钱请引,凭引(每引100斤)由(畸零数)贩茶。每引输1000钱作为茶税。与宋元相比,明初茶叶纳税每斤只合10钱,商人的负担是大大减轻了(南宋每引100斤引价12贯300文,元代贩90斤茶收银2两多以至3~5两)。

但明代茶课之轻是江南之茶,适用于在内地贩卖者。至于川茶之课则较重(征实十分之一),控制也较严,因这里的茶叶(再加汉中官茶园之茶)要收贮起来为茶马互市之用。明政府于秦州、河州、洮州、西宁、岩州、雅州等地设茶马官司，主持其事，行销茶地区达 5000 多里远，洪武初 70 多斤茶叶易马一匹。朱元璋的女婿（驸马欧阳伦）贩私茶，向地方官要车 50 辆运河州（甘肃巩昌），事发赐死。

随着生产的恢复与发展，工商业的活跃，对作为贸易媒介的全国统一货币的需要是越来越迫切了。朱元璋先是铸造铜钱（洪武通宝），但因铜钱分量重价值低，不便携带，商贾转易异地运钱更感困难，再加铜料缺乏，出现"铜荒"，遂于洪武七年（1374 年）颁行大明宝钞，一贯钞折限一两，命民间通行，铜钱降为辅币，与钞兼行。商税大部纳钞（钞七钱三），商人买茶引纳钞，官员禄米和军士月盐也以钞付给（两贯五百文折米一石），以维持宝钞信用。在一段时间里币值稳定，对商品流通的扩大还是起促进作用的。

3 明初商业的发展

明初实行的有利于商业的一系列措施，果然带来了商业的相应发展，城市的繁荣和农村贸易的活跃，到宣德时，社会经济达到了明前期的最高水平。

明代的南京是朱元璋开基之地，做过 53 年的首都，人口有 119 万，有 14 条水陆运输线通往这里，真可谓"北跨中原，瓜连数省，五方辐辏，万国灌输。天下南北商贾争赴"。城内百工列肆皆有专门的地点。《南都繁会图卷》上所反映的各行业的幌子就有 109

种。城中居民从薪米到百货，都仰给于市场。在市场上商品结构已以日用必需品占主要地位，奢侈品退居其次。当地生产的丝织品行销各地，"衣履天下"，城市已有很大的生产性。自1421年明成祖迁都北京后，此地成了全国的政治中心，不久（弘治时）即有人口67万。市内360行店铺林立，南北物资云集。大街上还有许多专业的市场，主要经营各类商品的批发业务，如米市、猪市、羊市、骡马市、花市、菜市、煤市、果子市等，交易时间主要在早晨。此外还有定期开放的庙市和一年一度的灯市（正月初八至十七日，在东华门一带，长二里多）。两京之外，在元末遭到破坏的历代名城，如开封、西安、洛阳，到洪武八年经济都已恢复，由明初的下府升为上府。

大运河的重新整治（永乐时），解决了会通河一段水源不足的问题（水流量增加，可过大船），便利了漕运和南北物资交流，随之运河沿岸的城市迅速繁盛起来。如通县、直沽（即天津）、临清、德州、东昌、济宁、淮安，都是"商贩所聚，百货倍往时"；特别是临清为运河咽喉，齐鲁要塞，商业更是发达。

手工业（丝、布）发达的苏杭松湖，沿海口岸的外贸城市广州、宁波，土特产品集散地、水陆交通枢纽的武昌、南昌等地，商业都比过去有所发展。宣德年间全国较大的商业繁华的城市已有33个，其中只四分之一在北方，在南方，东南沿海就占了11个。

市镇经济也大为发展，瓷业中心景德镇和盛产铁器的佛山镇，是著名的大镇，实际上已成为新兴的工商业城市。东南地区陆续出现不少新的中小集镇。农村的集市贸易南北都很普遍。山东叫赶集，每集百货俱陈，四边竞凑。两广的农村市场仍称墟，有的墟上也开了坐肆。

明前期商人随商业的发展而大大发挥其活动的能量，尤其贩运各地名优特产品的商人更照例成为商界之巨擘。浙人张瀚在《松窗梦语》中说，他总观全国市利，东南地区：以做罗、绮、绢、纻等丝麻织品生意利最大，而三吴为盛；西北地区以做羢、褐、毡、裘等皮毛制品生意利最大，而关中为盛。其余河北、河南、山东、山西等地能贩销致富的商品还很多。又说商贾追逐厚利的，不是西入川，就是南走粤，做珠玑、金碧、材木生意，能获什伍、翻倍、五倍以至无算之利。但利润最大的还是数茶盐生意，不是巨商大贾做不了。浙江富厚之家多以经营盐业起家，而武林贾氏则以贩茶成巨富，以至累世不乏。其实善经商，尤以盐茶致富者又何止浙人。在明代，更大的商人势力正先后于山西、安徽崛起，以至到明中后期形成了雄视海内的两大商帮。不过，推源追始，商帮的萌芽则实发端于明初，如无开中法，就不能有后来煊赫一时的山西商帮。

二十一 明中叶的商品经济和张居正的厚商思想

明初以来稳定繁荣的局面只维持了70年。宣德以后宦官专权,外族入侵,土地兼并,赋役加重,农民反抗迭起,社会经济由起到伏,至正德年间(1505~1521年)为止,80多年中形成明代历史上的一个"瓶颈",后经嘉靖隆(庆)万(历)时的一些改革,社会经济才再见上升。商业的步子与此相应,也走过了一个由发展到受挫到再发展的曲折路程。

恤商政策的改变

首先是随着统治者贪欲的扩张,商税日益加重,史称关市之征。明初务求简约,其后增置渐多,无论贩运坐卖,所过所止都要收税。征税货物的细单,张榜于官署,按照它来征税,应征而藏匿的要没收其半。在过、住等税以外,还增加了别的税种或税额。这就是为回笼纸币自宣德年间就增加的"市肆门摊税"(营业税)——"增旧凡五倍",和在运河沿河设置"钞关"，开征直属户部的"船料税"——视船广狭，分等收税，"每船百料，纳钞百贯"。竹木抽分场恢复，由工部征收工关税。北京的9个城门都收"门税"，以崇文门的税收最多。各种税的收税官务求苛取横征，高估物货，卸车，发箧搜查，船只往返愆期辄加科罚，客商资本稍多又实行"劝借"。到武宗正德时，桥梁、道路、关津等有利处所，往往私设关卡，无名抽取，为害商民。开始派差太监抽分，后来税及柴炭鱼菜。

明初的"和买"至明中叶又变为低价抑买。各地官吏以至太监在"岁办"、"采办"的名义下向民间征发物资，"召商置买，无异空取"。京师"当行"商户承担"造办"，"置办"上供物品，常被欠价款，市井负累；武宗之时各官日进月进又倍于往时。这个荒淫无道的正德皇帝，还在京城内外开设"皇店"与民间商业争利，其中更有聚娼寻乐的"花酒铺"。

明初尚称稳定的宝钞，在永乐以后，因"出钞太多，收敛无法"，形成通货膨胀，币值低落，虽经诸税回收宝钞，民间仍然轻钞，"交易唯用金银，钞滞不行"。英宗时弛用银之禁，（田赋）折银，纳钞者以米银钱当钞；宪宗成化时内外课程钱钞兼收，官俸军饷钱钞兼支，钞一贯已不能值一文；弘治时"乃皆改折用银"；武宗时发官俸也是钱一银九。在"钞久不行""钱亦大壅"（市上恶钱充斥）和国内银矿开发、国外白银流入的情况下，到嘉靖初年已日益专用白银，以后宝钞就完全绝迹。白银在宝钞破产、钱法紊乱之际，成为硬通货，被人普遍使用，一方面同商品经济发展、市场扩大的趋势相适应,另一方面也大大加重了农民的负担。正统时田赋以银("金花银")一两当米四石,成化时一两只当一石,施行不久,纳赋要交四倍于前的银两,对人民的盘剥更为苛重。

盐法也日久生弊。明王朝统治者为多得粮食,盐引发行不加限制,形成有引无盐,不能及时支取的"次同鱼贯,累同积薪"的候支现象。更由于商人勾结权贵,开后门奏讨盐引,并且是不按次序可直接支取以备不时之需的"存积盐"。正德时太监掌权(刘瑾),大肆奏讨盐引,占窝转售,从中牟利,这些盐引可快速支取余盐(正额以外生产的盐)。除了权贵以及与之勾结的富商大贾可发大财外,一般商人生意越来越不好做,商人无利,则不愿中盐,而"正课日削"。

盐课收入自弘治五年(1492年)起,由开中纳米改为纳银购引,盐利集中于中央,更便于统治者使用。商人因商屯不再有用,于是相继撤业而归,山陕商人也徙家于淮,沿边许多垦地荒芜,粮价腾踊,边储空虚,边防力量削弱。

茶法在明中叶也大不如前。弘治时因茶马司所积茶渐少,各边镇战马耗减,决定召商中茶,给引买茶运边,官收其十分之四,其余准许货卖。但自从实行这一政策,私茶无法禁止,对易马很不利。武宗时,宠信番僧,允许西域人例外挟带私茶,自此茶法更加败坏。

对于明王朝的腐败政治和聚敛政策,人民已不堪忍受。正德时刘六、刘七起义,"所至乡民奉酒,甚为效力"。明统治者不得不考虑改弦更张,从嘉靖元年（1522年）开始,明朝历史就进入它的后一个阶段。

② 嘉靖隆万时的改革和商品经济的发展

正德年间的政治危机迫使新即位的明世宗（嘉靖帝）在其临朝之初,在政治上经济上作了某些改革。如抑宦官,杀佞臣,革皇店,减田租,勘庄田,变役法,史称嘉靖"新政所厘正,多不便于奸豪贵幸之家"。

盐法在嘉靖初年也有所触及。曾下令：不许奸商人等贪缘报中、透派；不许径自奏讨及奏乞热门的淮盐；规定两淮盐价,不许任意增添,有时还减过盐价,盐政一时办得较前稍好。

但嘉靖改革时间不长,中期以来,内阁纷争,权臣（以严嵩为代表）当道,政治又日益腐败,弊政丛生。如在盐务上,占中卖窝之风再起,盐引滥发,盐价滥提,盐法又不能不乱。后来即使张居正执政,私弊甚深的盐法一时也难作大的改革。

在所有改革措施中,对商品经济发展产生长期和积极影响的,倒不是由于商业政策有什么改善,而是在役法上面作了大幅度的调整。

明初以来实行手工业者的"轮匠制"。除为官工匠（住坐匠）外,民间工匠定期轮流到两京或指定地区服役3个月（称"班匠"）。正统时工役繁兴,工匠逃亡的很多。成化和弘治时，先后明令班匠可以银代役，且折役纳银迭有减轻。但不纳银者仍旧当班，纳银与轮班两可。嘉靖八年（1529年），明令完全废除轮班制，一律改纳班匠银，由政府用银雇人充当，原规定每班征银一两八钱（如弘治例），后改为纳银四钱五分。至此，中世纪的官工徭役制基本上宣告废除，匠户可自由地进行手工业生产，或转业农商，其产品和技术投入市场，发展和提高了民间的私营手工业，对商品经济的继续发展起到了推进作用。

"一条鞭"法的推行，比之前一个措施的改革意义更大。嘉靖时已有人在局部地区试行，万历九年张居正主政时，在清丈土地的基础上，把"一条鞭"法推广于全国。所谓"一条鞭"法就是把原先按照户丁派役改为按丁、粮派役（丁六粮四、粮六丁四或丁粮各半），然后与其他杂税合编为一条，改为以银折纳，差役也是由政府用银雇役。至此役法的改革已进入农村，官府的封建剥削进一步货币化。丁役不同程度地转入地亩，摊入田赋，使一部分无地或少地的农民多少减轻了丁役负担。更重要的是农民由于需有更多的货币来缴纳"鞭银"，这就得同市场发生更多的联系，按照市场需要，因地制宜，生产能多卖钱的东西，农产品商品化的倾向从而有所增长。有的地主富农也雇人经营土地，大量生产市场所需的商品。这都有利于促进商品经济的发展。而摊力役入田赋，没有（或少占）土地的工商业者可不纳（或少纳）丁银，负担较轻，对不（或少）与土地联系而多与手工业生产相结合的新型商人的发展,起到积极的推动作用,为资本主义萌芽的生长提供了条件。

正由于实行了重大的改革,嘉靖、隆(庆)万(历)已降商品经济发展的势头又重新上扬,甚至超过了明初的全盛之时。突出的是新兴的商品性经济作物棉花、甘蔗,以及老资格的茶、桑的种植增加;从事织布、制糖、养蚕、制茶等专业,即可借以获取更多的货币(货币→商品→更多货币),这是一种比较发达的商品流通,已不是过去生产、出售产品仅用以换取自己所不生产的生活、生产资料的那种不发达的简单商品流通(商品→货币→商品)可比了。这种过去在农村中罕见的新情况,标志着古代商业在更新的阶段中所发生的质的变化。

时至明代,手工业生产与原料的地域分工已经形成或更有发展,因此地区间贩运的商品已经不单以一般人所需的日用消费品为主,而且更多的农产原料及其所制成的手工业产品在地区间的长距离流转也占了相当比重。如"吉贝(棉花)则泛舟而鬻(音yì)诸南,布则泛舟而鬻诸北",形成了棉布棉花南北的对流贸易。又如东南的丝织业,三吴闽越最多,原料取于湖(湖州)丝;北方的丝织业山西潞州最好,原料取于四川阆中,农产原料大量输往较远或很远的地区,以供应该地手工业生产所需,商业不但是地区间经济联系的纽带,而且已日益起着联系生产者与生产者的中介作用。

与这些新变化相适应的是,明中叶在城市商业重新继续发展、繁荣,手工业中心城市和中心地区逐渐形成的同时(较大城市增至56个),市镇和农村商业有了更快的发展。镇市勃兴,数目大增,规模、层次都超过了明前期,太湖流域更是突出。如弘治时吴江县有4镇3市,嘉靖时增为4镇10市,万历时更上升为7镇10市了。镇市有各种类型,集散型的商业市镇和生产型的手工业专业市镇相继出现,非过去仅为满足农民一般的商品购销要求的普通的市镇可比。前者实已形成专门性的农副产品和大宗农产原料的市场。如苏州的枫桥是个很大的粮食市场,嘉兴的王店镇是绸的集散地,青浦朱家角贸易花(棉花)布(棉布),嘉定巨镇新泾镇也是提供棉织业原料的棉花市场。后者则依托于某项手工业生产的发展。如吴江县的盛泽,在明初还是一个五六十户的小村,明中叶即改为市,随着丝织业的兴起,到晚明已是"狭巷穰(音 ráng)穰",拥有千户人家了。

3 张居正的重商思想

商品经济的发展引起了社会上思想的变化。不但民间重视商业的思想愈加抬头,就是在统治集团的高层中,对商业有正确认识者也颇不乏人。张居正(1525~1582年)可算是其中的杰出代表。

张居正在隆庆时进入内阁后,即支持户部行"恤商六条":按市价采办,禁典守官吏敲诈,以富户更代各商贫困不能供役者。万历时,张居正为首辅,支持臣僚建议撤回掌苏松织造的内臣孙隆，减轻了机户负担。对日益苛繁的商税，张居正未当政时就一贯主张要予以减轻，"察革苛捐"，禁止各地"私擅（音shàn）抽税"；当政后曾革免一些地方的店税。至于张居正推广的一条鞭法，对商品经济的积极影响，更是作用巨大。

对于商人的态度，张居正比之王安石更为缓和。他在嘉靖时就提出"省征发，以厚农而资商，轻关市以厚商而利农"的口号，他说："商不得通有无以利农，则农病；农不得力本穑（音sè）以资商，则商病。故商农之势，常若权衡"。这一说法是对传统的重农抑商论的否定。张居正执政后，其改革的矛头是针对豪强地主（瞒田漏税），而不是针对商业资本的，相反的倒是真的从革苛捐、减织造等方面来贯彻其"厚商"、"资商"的思想。这种农商互补的做法和想法，和王安石变法中还比较强调抑商（大商、奸商）不尽相同，和桑弘羊的利官商抑私商更是不同。

比王安石的"榷法不宜太多"更进了一步，张居正更反对言榷利，反对官、商分利的垄断性的商品专卖政策。本来从明初以来对商业的政策已经放宽，除盐茶以外，官府控制的商品范围缩小，除限制农民穿绸外，过去抑商政策中那些措施已摒而不用。仅存的盐茶专卖，行之既久其弊日甚，故张居正对榷法就不予首肯，以至起来非议桑弘羊。实际上这里面还有一层意思：他是对"嘉靖中年，商贾在位（指严嵩），货财上流，百姓嗷嗷，莫必其命"那种执政者效商贾专商利的行为，有感而发，借古讽时，大讲汉代榷利之非，以堵当世榷利者之口。时至明代确已不宜再大搞障碍商品经济发展的官商专利，而须扶植与生产结合（发料加工、包买成品，付以工值以至雇工开矿设坊等）的新型的私营商业了。张居正的反榷利也是历史发展的必然。

张居正出身于中小地主，生长于商业繁盛的江陵，其叔父经商，自己家里在荆州也有店房，这对张居正的厚商思想有一定的影响。但张居正痛诋"大贾持其赢余，役使贫民"，可见他所要厚待的不是兼并土地盘剥农民的奸商富贾；他又反对"言榷利"，可见他不会再厚待那些与官僚贵族勾结，在专卖制度中分取厚利的大商人。主张"尊主权、一号令"，加强中央政府权威的张居正，其思想自不同于历史上那种为豪民巨室张目的经济放任论。张居正厚商的涵义，正是主张扶植新兴的——与资本主义萌芽有关，与土地、高利贷、官府关系少的工商业者，这一阶层的出现有其历史的进步性。抑商让位于厚商，反映了新兴城市工商业者的利益，顺应了历史发展的大趋势。

二十二　从"郑和下西洋"到倭、葡寇盗的入侵

说到明代的海外贸易，人们就会想起三保太监郑和七次下"西洋"的故事。郑和下西洋确是有明一代海外贸易中的大事，但对曲折多变的明代全部海外贸易史来说，这还只是其中的一个片段。明代采取前所未有的海禁政策，300年中两收（洪武、嘉靖）两放（正德、隆庆）。在前期以官府直接控制的"勘合贸易"为主，在后期私人的海外贸易有所发展，但又因倭寇和欧洲东来的海盗商人的入侵遭到严重的挫折。

1　洪武禁海令和有限制的勘合贸易

明初，海外贸易很不景气，因为从洪武时起明政府实行严厉的海禁政策。自明王朝开基以来，来自日本的倭寇就常骚扰沿海各地，方国珍、张士诚的余党，逃亡海外，也时时准备卷土重来，这就发生了当时特有的海禁问题。朱元璋为了堵塞本国人资敌通番的道路，严禁商人出海贸易，即所谓的"寸板不下海"。官

府订出告发给赏的制度,并禁止民间造双桅大船。尤其是洪武十九年(1386年)左丞相胡惟庸通倭一案追查出来后,朱元璋更严格加强海禁,撤销了市舶司,禁止人民使用和贩卖外国货,除琉球、暹罗、真腊外,其他国家的贸易一律停止。

即使在允许同各国贸易的时候,也仅是进行有限制的勘合贸易(旧称"朝贡贸易")。勘合贸易就是对有外交关系的17个国家,规定他们前来贸易的期限(如2年、3年一次等)、路程(如取道福建、广东、浙江等)、居住和停留的地点时日、船只的数目和随从的人数。明政府制发了信符金牌,双方各执一份,称为勘合,没有勘合的便被认为是假冒而拒绝入境。泉州、广州、宁波3处的市舶司就是为应付这种勘合贸易而设立的。船舶进入指定的港口后,由市舶司检查勘合,检验货物,并把来使护送到南京(时为京城),下榻于"会同馆"。来使把贡品(香药、珠宝、奇禽异兽等)送上,朝廷照例给以较货卖之价为高的报酬(丝、瓷、茶、金银)。来使附载的货物,在官吏监督、官设牙行的组织下,与民贸易(在会同馆内开市三五日),中国商人也可将货物携来,两平交易。但不准来使潜入人家交易,也禁止军民人等代来使收买违禁货物(铁器兵器等)。市舶司不收商税,收购部分货物,仍照价偿之。这种薄来厚往而限制甚严的贸易,同宋元的招徕海舶以广岁入的做法很不相同。明政府不但不能从中得利,反而要支付大量的回赠物品和迎送费用,是很大的负担,其所以这样做无非是宣扬国威,招谕远人，取得海外珍奇供皇室享用而已。但又怕贸易太频繁了，会引起海疆不靖，故只是开了一个小口，以诸多的限制来维护海防的安全。到胡惟庸案发，限制加甚，海外贸易更趋消沉。

郑和七次远航：明代对外贸易的顶峰

　　受政治因素影响的明初的海外贸易政策，到永乐、宣德年间起了变化。国内政治的稳定和经济的发展，促使明成祖想以本国大量生产的商品到海外去换取更多的奇珍异宝；发展中的民间手工业也要求开拓广泛的海外市场。于是市舶司恢复，并有增设，招待外宾的驿馆建造起来，对外商来华的贸易多少放宽尺度，派人到各国招致通商的使者陆续派出。不但如此，明成祖更以积极进取的姿态举办了宝船下海贸易，这就是永乐三年（1405年）开始的郑和下西洋这一盛举的发生（当时把南婆罗洲以东地区称东洋，以西地区到非洲东部的广大地区称西洋）。郑和下西洋声势浩大。第一次出航就率领一支由 27500 多名随行人员、62 艘西洋取宝船组成的庞大船队，向洪涛接天、巨浪如山的大海进发。船最大者长 44 丈，宽 18 丈，张 12 帆，堪称当时世界之最。船上满载青白花瓷器、铜器、漆器、金、银、铁锅、麝（音 shè）香、印花布和贵重的丝织品等。从苏州刘家港出发，历经占城、爪哇、苏门答腊、锡兰，直抵印度西岸的古里，然后返航。

每到一处都以所带之货换取当地的特产（香料、染料、珍宝、异兽、贵重木材等），所到之国也纷纷遣使随来中国修好通商。以后29年中郑和又6次远航，最后一次起航是在宣德五年（1430年），宣德八年返航。郑和一共到过30多国，最南到爪哇，最西到非洲东海岸，最北到波斯湾和红海的亚丁以至麦加。船队以满剌加（马六甲）为中转地，建造仓库，贮放货物钱粮，去各国的船回来时都在此集合，整理货物装船，等待南风回航。在同各国的交往中郑和一行不仗恃大国兵威，能尊重当地风俗，在和平友好的基础上进行贸易，在各国人民中留下良好的印象。

郑和下西洋把明王朝的对外贸易推到峰巅。广州、宁波、漳州是那时的重要港口，各国贡舶到来日多，对外贸易的发展促进了国内尤其是东南沿海地区手工业生产的发展，同时加强了中国人民同各国尤其是南洋各地人民的经济和文化联系。移入南洋的华侨在此后大大增加，他们对当地经济和文化的发展做出了重要贡献。

3 海禁日弛，正德时开始对私舶征税

英宗正统、天顺以来，明王朝统治日趋腐朽，内外矛盾交织，国势日衰，财力日乏，无力再从事耗费钱粮无数的赔本的官营海外贸易。永乐时扩大的勘合贸易由鼓励变为限制，开始走下坡路。孝宗弘治元年至六年唯暹罗、占城各入贡一次，库藏的海外珍宝已

到虚竭的地步。但是，另一方面由于东南一带商业资本的发展，私人的出海贸易却很活跃。成化、弘治之际，沿海（尤其是福建）的豪门巨室纷纷制造大船，雇用富有海上贸易经验的船头和水手，带上大量的丝织品、陶瓷器，到吕宋（在菲律宾）等地去交换黄金、肉桂等物。"背包袱"的小本商人出海者也不少。贡舶虽稀，来自各国的没有勘合的私舶却一天天地增加，福建漳州的月港至有"小苏杭"之称。

面对这样的变化，统治集团内部出现了对立的两派。一派从防止私通外人泄漏军情出发，主张遵守洪武成宪，矫正海禁宽弛状态，不准私人下海贸易，加强贡舶管理，无勘合的私舶要捕获送问；一派主张在既成事实面前承认私人贸易的合法地位，从中抽税，以解决财政尤其地方财政上的困难。对后一主张最感兴趣的是广东的地方官，本身拥有巨舰在海外贸易中发大财的官僚当然也反对成宪。故作痴聋的沿海的地方官，默许私商的海舶和国外来的私舶活动，而向其征税充饷，积而久之，朝廷也公开准许如此行事了。正德十二年（1517年）确定抽分30%（后改为20%）为入口税，海禁已无形开放。广州出现了"番舶不绝于海澳，蛮夷杂沓于州城"的热闹景象。

4 倭、葡海寇入侵与嘉靖时重新加强海禁

海禁宽弛的势头并没有维持多久，嘉靖时又出现

暂时的逆转。其原因，一是由于倭寇的入侵，二是欧洲海盗商人——葡萄牙的东来。

倭寇是日本商人、武士、浪人等组成的窜入中国的武装走私队伍，并有国内的奸商和汉奸与之相策应。嘉靖二年（1523年），两个代表日本不同藩侯的使节——宗设和瑞佐，先后来到宁波。按规定明廷只承认一个使节。为了争夺合法的贡使地位，来华的两批人大起冲突，这就是历史上有名的争贡之役。宗设杀瑞佐，率众劫掠，宁波一带饱受蹂躏，浙中大震。明政府认为祸起于市舶，随即取消市舶司，重申洪武禁令，严禁双桅以上大船下海贸易，不准外国商船入境贸易。以劫掠财物为生的倭寇并未因此退出，他们仍同沿海的一些奸商勾结起来，载运禁物，武装走私；"势家"、"贵姓"、"大官"也掩护这一勾当，"居积贵货，以为窝主"。这些人走私还嫌不足，干脆露出海盗面目，四出剽掠。嘉靖二十六年（1547年）新任浙江巡抚朱纨严禁走私贸易，捕杀了一些通倭的汉奸，结果引起靠这获利的官僚势家集团的反对（上面有严嵩一伙的支持），被他们所陷害，朱纨服毒自尽。从此海防守备尽弛，"中外摇手不敢言海禁事"。"舶主土豪益自喜，为奸日甚，官司莫敢禁"。嘉靖三十一年以后的10年间，倭寇的活动猖獗到了极点，在沿海各地烧杀抢掠，所经之处村成墟，真是无恶不作，令人发指。直到戚继光等爱国将领领导军民英勇奋战，才把倭寇平定下来。在倭乱期间（1540～1563年）有些地方下海捕鱼与海上航行也都在禁止之列。

海禁加强的第二个原因是葡萄牙人的入侵。嘉靖三十二年（1553年）葡萄牙人转掠闽浙沿海各地，并同倭寇勾结，由倭寇掳掠中国人提供给葡人做奴隶。早在1535年，葡人即以巨额贿赂买通广东官员，以澳门为停泊地，后进一步窃据澳门，筑室建城，设官管理。嘉靖三十六年（1557年）明王朝被迫承认澳门为葡租借地。葡萄牙人的凶暴和诡诈加深了明政府的疑惧，于是在广州一带加强海禁，某一时期甚至封锁了广州，完全禁止海舶出入，广州市井萧然，海外贸易的衰落降到最低点。

5. 隆庆以来的再开海禁和海外贸易受到外来的限制

嘉靖时的海外贸易就是这样在严重的干扰下经历了一次大的波折，而国内生产的发展却希望扩大海外的市场。因此，在平倭之后开放海禁的呼声又高了起来。从隆庆初年起，明政府默许私人出海，想从中征收商税，增加收入。当时对本国商人实行引票制，由海防官管，兵士巡察，查验引票，无引票者作非法活动处理。领引票要缴"引税"（每引银三两，后加至六两），回航时缴纳"水饷"（按船只大小广狭，由船商缴）和陆饷（按入口货物多少，由铺商缴，先为2%，后改为从量征收）。从吕宋回国的商船带的货少，银币多，要缴"加增饷"，每船150两，后改为120两。外商到后仍归市舶司管（此时已无所谓贡舶与非贡舶之分),仍实行抽分制(20%~30%),同时也收水陆饷。

海禁开放后,"五方之贾,熙熙水国……所贸金钱,岁无虑数十万"。中国的蓝、糖、纸、丝、绢"航大海而去者,尤不可计"。海外贸易的利润往往达到数倍。"泉漳二郡商民,贩东西二洋代农贾之利"的比比皆是。万历初年福建地区每年的关税收入为两万多两,崇祯时达五六万两。

但是,就在这时,葡萄牙人及继之而来的西班牙人、荷兰人,霸占了南洋。中国与南洋间的贸易大都被他们占夺,他们以用欧洲工业品换取的南洋特产和刮自新大陆的白银,来套取中国的茶叶和丝、瓷等优质手工业品。正在发展中的中国商人的海外贸易又受到了外来的新的限制。去南洋的华商和侨民被虐待、屠杀,经商受到严格的管制,要缴纳重税。只是由于中国商人的艰苦奋斗,中国和南洋各地的贸易关系才极度困难地继续下去。

葡萄牙等国的海盗商人是欧洲资本主义的先遣队,他们负有资本原始积累的任务,以通商为幌子进行暴力劫掠。他们还怀有占领土地和征服殖民地的野心。明熹宗天启四年(1624年),中国的领土台湾陷入荷兰人之手;崇祯十年(1637年)后起的侵略者英国派舰炮击虎门,要挟通商。中国受殖民者的觊觎(音jìyú)从这时已经开始了。

二十三 反矿税、反宦官，晚明的城市民变和党争

张居正死后，明神宗即改变限制大官僚大地主大商人而扶植新兴的工商业者的政策，转向加紧掠夺工商业，以满足其奢侈浪费的需要。由此而引起规模很大、持续很久的城市民变和统治集团内部的剧烈斗争。

1. 万历时矿税监的横征暴敛

明神宗（万历皇帝）贪财好货，"以金钱珠玉为命脉"，端居深宫，纵情声色，捞钱的事自有手下腐朽的大宦官大佞臣去操办。万历二十四年（1596年），派出太监到各地任矿监税监（兼司织造），以开矿、征税为名，向商民进行公开的掠夺。这些太监又替皇帝刺探民情，充当镇压人民的刽子手。

本来在明中叶以来税目已够繁，税卡已够多，那些税监来后，更是"征榷之使急于星火，搜括之命密如牛毛"，水陆交通要道、关隘又添设了无数税卡。长

江顺流扬帆，一日可行三四百里，而税卡就设五六个，拦江把截，船行一日就纳税五六次之多。在运河沿岸，临清至东昌仅百里，东昌至张秋 90 里，张秋至济宁仅 200 里，中间也是遍插黄旗，层关叠卡。仪征与京口一江之隔，不过一二里地，居然也收税两次。通州是京东首冲，水陆会要，重征迭税，几至数十。不但江湖要津如此，而且连穷乡僻坞，米盐鸡豕柴草蔬果之类的零星买卖，也要以土商名目纳税。征税根本没有什么章则，"有税已重而称漏税，有货已税而乞税船"。有的地方贩卖灯草笤帚的，满载一船只值银两余，而税货税船竟要出银三四两。这样的收税法使人望风惊骇，有的人一见税吏来了，就赶紧把货物弃之而逃或焚之而去。

替税监收税的尽是些地痞流氓。奸民向官府纳贿，就可以得到指挥千户的头衔，成为税监的爪牙。每个税监手下都有几百号这样的人物。他们经常手拿铁链、兵器，在交通要道、桥梁关口，树旗建厂，东闯西转，看到商贾软弱可欺的，肆意攘夺，没收其金银财物，甚至负带行李也被搜索，简直是如狼如虎，如盗如房！

税监之外还有矿监，有的是一身二任。那些人并非来开矿，而是来掠财。正如"税不必商"，矿也"不必穴"。矿监到处强占土地，编富民为矿头，招贫民为矿夫。任意指良田美宅之下有矿脉，即行采掘，得到贿赂才停止。当时人用"矿头以赔累死，平民以逼买死，矿夫以倾压死"来形容其惨景。

税监还大肆掠夺手工业。苏杭税监规定机户每一张机,税银三钱,凡上市的缯,每匹纳银三分。景德镇的矿监也重征窑商。这使手工业者的负担重于往日。

重捐叠税,横征暴敛,搜括到大量金银财宝。仅临清一地每年抽税就不下十五六万两。从万历二十五年到三十三年,诸阉进缴皇帝白银300万两,此外还有不少的黄金、钻石、珍珠、红青宝玉等。矿税监及其爪牙装进私囊的更不计其数。有人说,"入于内帑者一,克于中使者二,瓜分于参随者三,指骗于土棍者四"。只要能进奉,怎么弄来,嗜利的万历皇帝都"庇而不问"。

晚明的城市民变

万历中后期的掠夺政策,激起了沸腾民怨。一些居住城市的工商业者(或中小地主兼工商业者)、中小商人、作坊主、工场主、窑主、小手工业者等市民阶层的利益受到严重损害,他们忍无可忍,终于纷纷起来反抗。许多流入城市当佣工、小贩的破产农民也加入到这个反封建斗争的行列。此起彼伏的城市民变爆发了,据史所记,万历中后期的20多年中各地较大的民变达20多起。只有那些大富商"有利则趋,无利则止",可把资本转移到其他方面,或依托官府势力,不在征商之列,他们对斗争缺乏热情。因此民变的发动者和参加者可说是工商业界的中下层,而不包括那些有封建特权、受到庇护的大商人。

主要因征收商税而引发的民变,规模最大的是发生在临清,由中小商人和小手工业者发动的驱逐税监马堂的斗争。马堂,天津税监,兼辖临清,他在临清作恶多端,纵其爪牙敲诈勒索,白日之下公开抢掠民财。商民为之闭门逃匿,中产之家大半破产。斗粟尺布皆课重税,小商小贩多不敢进城。万历二十七年(1599年)四月二十四日,积愤已久的三四千名小贩贫民围住税监衙门。马堂指使打手射杀2人,群众大哗;人越聚越多,10000多人冲破大门,放火烧毁税署,击毙爪牙37人。马堂被驻军掩护,逃出重围。接着临清附近各地店铺一律罢市声援,要求撤回马堂。参加这一斗争的共有30余万人,"三齐震动"。明王朝实行高压政策,下诏追捕"首恶",株连甚众。以负贩为业,同时也是织筐手、素仗义的王朝佐,慨然出而承担"首难者"的责任。临清人民多方营救无效,遂被害。王朝佐死后,当地商人为他立祠纪念。

因开矿征商两者相兼而引起的民变,是武昌商民在临清事变的下一年(1600年)驱逐矿税监陈奉的斗争。陈奉自万历二十四年来湖广,民愤日积。他征荆州商税,采兴国矿砂,"恣行威虐",每托巡历为名,剽劫行旅商贾,开矿时掘人坟墓,甚至纵其爪牙,直入民家,抢掠民女入税监署中,还举火箭,焚民居,击杀请愿者多人,甚至碎其尸,扔在大路上。这些暴行更燃起人们的怒火。万历二十八年的一天,武昌民商聚众万余人,包围税署,杀其爪牙16人,投入江中和井里,陈奉逃跑,巡抚支大可袒护陈奉,民众焚烧其辕门。这场斗争坚持4个月，直到明统治者被迫撤回陈奉，撤换支大可，方暂时告一段落。

其他各地民变也连绵不断。这些民变具有较大的群众性，但局限于纯经济范围，还是自发形成的，缺乏组织，斗争形式较原始（纵火、鼓噪、斗殴）。各阶级、阶层的代表人物之间没有直接的联系，各地区之间的斗争更是孤立进行，并没有与农民反封建的斗争结合起来。因此对封建政权的冲击力还是有限的。虽然如此，斗争也使统治者接受了一些教训，显示了新兴市民阶层的力量。

3 万历掠夺工商业政策的严重后果

万历年间的征商狂潮是对当时正在向上发展的商品经济的一个惨重打击。临清自马堂任税监后，好几年中市面萧条不振。临清事件已过3年，商人们还心存观望，不敢再做买卖。本来这里有绸缎店32家，关了20家；布店73家，关了45家；杂货店65家，关了41家。辽东的布商也不肯来了。有一伙搭帮的商人，原有38人，最后只剩了2人，勉强维持。河西务160家布店只剩了30家。淮安关报告：河南一带货物多为仪征、徐州税监"差人挽捉"，商人畏缩不来了。其他各关告苦告急之文无日不至。虽然统治者拼命搜括，但因商旅减少，商税反而缩减。据户部计算，河西务、临清、淮安等5个钞关，原来（1597年）年收入407500余两，设税监后逐年减少，到万历二十九年

(1601年)不及原额的三分之二。由于商业衰落,使"平昔富庶繁丽之乡,皆成凋敝"。在一段时间里,自扬州涉仪征,历滁庐诸郡,河流无航船,道路乱草充塞,村落萧条,触目成悲。明后期商品经济不能有更大的发展,初生的资本主义萌芽不能顺利成长,和封建统治者的暴力摧残很有关系。

4 党争同征商的关系

万历时掠夺工商业的政策,还在一定程度上促使代表东南地区部分地主和新兴的工商业者利益的某些官僚和知识分子感到有"切肤之痛,燃眉之危",从而出面反对矿税,反对宦官。这样也就激化了统治阶级内部的矛盾。

当时,以皇帝、宦官、王公、勋戚、权臣为代表的大地主集团,以及官僚士绅中依附于他们的浙、齐、楚、宣、崑各党的小集团小宗派,是统治阶级内部的腐朽、反动、保守的势力;另一些中小地主、中下级官吏和地主阶级知识分子为了改良政治,常讽议朝政,裁量人物,朝里朝外,遥相应合,在政治上形成了一个反对派。由于其为首人物在无锡东林书院讲学,所以被称为东林党人。东林党在经济上反对王公勋戚的掠夺土地,反对税监矿使的横征工商。巡抚凤阳诸府、做官颇有政绩的东林党人李三才,极力压制税监,裁抑其爪牙,捕杀其党羽,屡次上疏陈述矿税的为害,批评神宗的溺志货财。疏中的话很直率,很尖锐,如说:"自矿税繁兴,万民失业。上下相争,唯利是闻。""皇上爱珠玉,人亦爱温饱;皇上爱万世,人亦恋妻孥。奈何皇上欲黄金高于北斗,而不使百姓有糠籺升斗之储!""孤人之子,寡人之妻,析人之产,掘人之墓,即在敌国,犹所不恶,况吾衽席之赤子哉!"他指出矿税问题是"宗庙存亡所关,一旦众叛土崩,小民皆为敌国,风驰尘骛,乱众麻起。陛下块然独处,即黄金盈箱,明珠填屋,谁为守之?"李三才的呼吁得到东林党人的广泛响应,但遭到帮派官僚的文章攻讦。愤而辞官的李三才去后,党争日炽。"东林"二字简直成了犯罪的代名词了。

1621年熹宗即位,以无赖出身的魏忠贤为首的宦官集团,与浙、齐、楚、宣、昆各党中的部分人结成联盟,东林人士称之为"阉党"。魏忠贤又派出太监,再征矿税,并巧立名目,所入无算,论者比之为"绝流而渔"。阉党还兼掌东厂,大搞特务活动,"民间偶语,或触忠贤,辄被戮擒"。

天启四年(1624年)东林党首领之一左副都御史杨涟奏劾魏忠贤二十四大罪,被逮捕,有几位著名人物也被捕杀。天启六年魏忠贤又派缇骑至苏州搜捕东林党首领周顺昌。苏州居民极为愤慨,不期而集者万余人,蜂拥大呼,势若山崩。群众殴打缇骑旗尉,当场打死1人。阉党分子巡抚报告吴人尽反,逮捕了为首的颜佩韦、周文元、杨念如、沈扬、马杰5人。这5人出身于下层市民(颜是商人之子),都遭统治者杀害。这一事件说明,反对征商,代表工商界说话的东林党人,是得到当时市民的支持和同情的。与过去不同的是,这次民变中东林党和市民在斗争上结合在一起,有其更深刻的政治内容了。

东林党的反对征商、反对矿税政策,并非突然而来。其实东林党的首脑人物中很多即出身于商人家庭。如顾宪成,其父、其叔、其两个兄长都是经商者(屠沽、贸米);虽非工商业者出身,也与之有千丝万缕的联系。东林党人的背后实有着商人的影子。作为地主阶级的反对派和城市市民阶级的一翼来参加民变,反对专制主义,是明末商人企图对国家政权施加影响的一种表现。东林党人的活动,在当时具有进步的意义。

明末阉宦排斥进步力量的卑鄙行径,严重地打击了新兴工商业者的利益,阻碍了中国社会经济的发展。它的消灭异己,大行镇压之权,只不过是腐朽的明王朝崩溃局面已经形成之时,封建特权统治的垂死挣扎而已。

二十四 清前期的商业，乾隆的商业政策与市场观

崛起在东北关外的清统治者，乘腐朽的明王朝危亡之际，入主中原，建立了清王朝（1644～1911年）。自清开国至1840年鸦片战争以前，是为清前期，出现了一个"盛世"。封建社会末期社会经济到了烂熟的时刻，商品经济比之明代有更大的发展，完成了自明中叶以来商业的第三次飞跃。

1 清初的商业从破坏到恢复

清初，由于严重的战争破坏，从南到北一片凋敝。接着为了防范在台湾的郑成功的抗清势力，实行了严厉的海禁政策和制造沿海无人区的迁界措施。清王朝慑于人聚众多易于引起抗清斗争，对矿山封禁颇严，东南城市则限制丝织业的发展（私人不得拥有织机逾百张，每机纳税50两），并监视织工和市民的活动。所有这些都使曾遭受破坏的商业恢复缓慢，到康熙中

期的发展也还很为有限。

清为金人之后，吸取金朝通货膨胀的教训，不发行纸币，而使用白银，辅之以铜钱。几十年中白银由各种渠道不断流入京师和边外，富商大贾和达官猾吏也不断把贵金属白银作为储藏手段窖藏起来，货币无形沉淀，而征税照常用银，宫廷和政府尚较节省，财政节余很多（康熙时曾积储白银5000万两）。白银收进多，支出少，货币更趋紧缩。流通中货币严重不足，物价下跌，市场疲软，交易死滞，这更给商业的发展带来消极影响。

康熙二十三年（1689年），在平定台湾的下一年，清政府才开海禁，止迁界，放宽出海和海舶来华贸易的限制。为造币材料的需要，开铜矿银矿。其后于康熙五十一年（1712年）免除了织机数目的限制，并减轻其税额。同年，宣布"滋生人丁永不加赋"，雍正即位更普遍扩大"摊丁入地"，索性把尚存的、已固定化的丁银转入田赋之中，一起按亩征收。明代田赋主要收粮，行一条鞭法后每年税粮仍有二千几百万石，入清田赋即改折银两，摊丁入地后每年田赋包括摊入丁银近3000万两。赋税的货币化以及随之而来的地租的货币化，是空前有力地促进商品经济发展的主要因素。自此商业的发展大大地加快了步伐。而由于银矿的广泛开采（乾隆初），低价白银不断由国外大量流入（外贸出超，乾隆时更多）；由于财政不再紧缩，通货不足的状况完全扭转，商业的正常发展遂有了顺利的条件。

② 大发展的清中叶的商品经济

商品经济的加速发展是在乾隆之时。其首要标志是农产品商品化程度比明中叶后又有提高。为谋利而非单纯为谋生而进行的商品性生产,在数量、品种、地区分布上都超过前代。

棉花的种植已由明代的以苏、豫、鲁为主扩大到河北、两湖、四川。河北冀、赵、梁、定州一带棉农占农户的十之八九,每年新棉上市时,远商云集,肩摩踵错,有的坐店收购,有的牵车采买,村落趋墟之人无不或背或拿,一片繁忙景象。北方棉织业也发展起来,开始改变了明代以南布北运为主的状况(但江南棉布在北方市场上尚占质量优势)。烟叶于明万历时始种于闽广,入清后推广到各地,乾隆时福建产烟区种烟已耗地十之六七,南方的湘、桂,北方的陕、甘也都产烟,汉中城里"烟铺什居其三四",市场上又添了一个新的大行业。甘蔗在闽广台湾普遍种植,在台湾是"蔗田万顷碧萋萋,一望葱茏路欲迷",台糖行销于日本和南洋。柞蚕在清代也大量发展起来,由山东传至贵州、陕西等地。茶叶,在18世纪中叶出口激增后,产量更趋扩大,仅武夷山一地就年产几十万斤。

棉、烟、蔗、桑、茶等经济作物的发展,缩小了那里的粮田面积,使之更依赖产粮区的接济。明代是"湖广熟,天下足",江南地区需自两湖、江西、安徽运进食米。清代更远自四川购米,东北的粮食也进关供应直隶、山东，甚至江、闽。广东也成缺粮区，其米取给于湘、桂，台湾米则经海路运销福建。清代的粮食在地区间以较大规模、较远距离进行调剂，已越来越显示其突出的地位。

农业商品性生产的发展，为商业特别是农村商业的发展提供了优越的条件。清代的农村商业比之明代更是上了一个台阶。市镇进一步增加或扩大，差不多无县无镇。明末经严重破坏，"市里为墟"的震泽镇到乾隆时又变得十分繁庶，清政府特从吴江县中划出另建了震泽县。盛产绫绸的盛泽，富商大贾从数千里外携万金之资来采买丝绸的"摩肩连袂"，烟火万家，为吴江诸镇第一。专业性的农产品集散市场比明代更多。湖州双林镇向来是一个大丝市，上海郊区的集镇上有专业的棉花市场，来收购花衣的商人"楼船千百，皆装布囊累累"。镇市以下的农村集市贸易也较前更旺，集期缩短，市集增多，品种扩充。有些地方已以一二种大宗商品为主要交易对象，形成专业性的市集，如丝墟、竹墟、桑市、茧市、谷市、鱼市、牛羊市、鸡鸭市等。外地商人来镇市收购大宗产品，在明代是通过牙行，入清后很多外地客商在镇上自设坐庄，自己收购，不通过牙行了。

清代全国设置府、厅、直隶州的地方有380余处，都是在不同程度上商业较盛的城市。当时全国有4个最有名的商业城市：北京、苏州、汉口、佛山，合称"天下四聚"（汉口、佛山与景德镇、朱仙镇合称"四大名镇"）。作为政治中心的北京，商业更盛于前明。

以庙市而论，已由明代的22处增加到36处，护国寺、白塔寺、隆福寺、土地庙是有名的四大庙市。"四大聚"中的其他城市都以工商业发达而著称，苏州向来是丝织业的中心，佛山是冶铁业中心，汉口则是长江上下游总汇，"五方杂处，百艺俱全"，盐、米、木、布、当、药6个行业最大。东南丝织业中心的南京、杭州，也都繁盛于昔，这同对城市手工业的限制放宽后有较快的发展是同步的。长江北岸的扬州，则因漕运、淮盐和驰名天下的手工艺品，而成为一大商业城市，"四方富商大贾，鳞集麇至，侨寄户居者，不下数十万"。

城市的商业组织有了新的变化。唐宋汇兑性质的飞钱，变换至此形成票号、钱庄。原先以"行"（起于唐代，宋代称团、行）为名的行业性组织已变成具有一定设备和规模的会馆（由包括许多行业的同乡商帮组成），且比明代有了更大的发展（嘉庆以来多称"公所"，地域性冲淡，而突出其行业性）。会馆（后来的公所）是商人按自己的意志创立——很多与反对牙行的控制有关，而非如唐宋的行、团为应付官府的科索而建立，受官府的控制。它们抵制外来竞争的排他性色彩已较浓，对内控制也较强（有行规），由行业性组织转为行会性组织，这也标志着城市商业已发展到一个更高更新的水平。

在商品经济发达地区的城镇工矿中的一些行业里——丝织业、铁钉铁器业、瓷器的红炉业、踹布业、浆染业以至制茶、瘪烟、制药、伐木、采煤、造纸、煮盐、熬糖等，商业资本比明代更多地以各种方式（包买主制、商人雇主制、商人设厂制）投资于生产。亦工亦商的商人与劳动者之间是一种新型的自由的雇佣关系，这种封建社会内部的资本主义萌芽，明中叶开始形成，后饱经摧残，至清中叶又重新茁长。商业资本在促进新的生产关系的生成时起着积极作用，是古老的商业发展到更新阶段出现的更新的事物。

3 乾隆放宽商业政策，重视市场作用

康熙时，清王朝的人口低于明万历之时（一亿二三千万），到乾隆初年始超过明代的最高数字，而增至二亿多，以至三亿多。直省耕地达 92000 万亩多（乾隆三十一年，1766 年），差不多倍于万历六年（1578年）全国清丈之数，粮食亩产又比明代有所增长。这些都表示着当时商业的规模有可能超过历史上的任何时候。

人口增长，耕地扩大，生产提高，固然是商业发展的条件，但商业之所以能有迅速发展，同乾隆时期的政策更趋放宽也有很大联系。

（1）乾隆继其先人在农业上的赋役改革（摊丁入地）以后，着重在手工业的生产关系上进行了进一步的改革。

清代矿禁的全面开放是在乾隆之时。举凡云南、四川的铜矿，山东、山西的煤矿，广东、湖北的铜铅铁矿，浙江温处两郡铁矿、贵州铅矿、甘肃硫黄矿、

广西的铅矿等，都相继在30年中准予开采，并招商承采，不搞官办，税额很轻。有的须由官府收买的产品（铜铅），价格也有所调高；有的产品官府并不全部收买，留出一半给商人自销。对云南铜矿还加借工本，甚至各地金银矿也都获准开采（一两收课三钱）。这样的开明政策，使"宝藏之兴，轶于往代"。矿产品作为商品大量投入市场，不仅带来了城镇加工冶铸等手工业生产的发展，供应了人民的日常需用（如煤），而且促进了为之服务的矿区商业的繁荣。

在康熙放松对丝织业限制的基础上，乾隆时南京的丝织业就超过苏杭。景德镇瓷器业，官窑缩减，民窑增加，乾隆时镇上"列肆受廛，延袤十数里，烟火近十万家，窑户与铺户当十之七八"。官营手工业后退，私营手工业前进，大量产品由奢侈性贡品转为自由上市的民用性商品，乾隆时这种政策是有利于有关的手工业生产发展的。

（2）在流通领域里，乾隆采取的政策也较宽松。他宣称要"轻徭薄赋，加惠商民"。事实上也真的这样做了。对于实行专卖的食盐，乾隆即位之初，就下令革除云南、两广在正课外征收的附加银，实际上是减轻了盐税。酒，本来已开放私营不实行专卖（明代起），乾隆时更免了一些地方的油酒税，即使征税，税额也不重。在乾隆时期，还多次减免关税，主要是"米粮免税"，目的在于使商贾有利可图，运粮源源接济灾区，粮价不致昂贵。他大力整顿税关，裁撤浒墅等关的分口，裁汰冗员，核定经费，以杜吏役滥征之弊；重新颁行税课则例，防止法外苛取，对私添税口、苛扰勒索的税官，严查究审，绳之以法。市税性质的落地税也有所减轻，规定府州县城内照旧征收，不许额外苛索，若在乡镇村落则全行禁革，不许假借名色，巧取一文。商税的减轻为商人提供了方便，对商业的发展和商品交换的扩大，自然是有好处的。

粮食在地区间的调剂，在清代是一项十分繁重的工作，乾隆时组织得很好。从东北、山东贩运粮食、大豆至直隶、江南，委托商人（发执照）去做，而不赞成由官府来操办。除了采取免税措施吸引商人以外，还实行借本招商（不收利息）、旌表褒商（运粮多的商人赐以职衔、顶戴）、禁止遏籴等办法来促进、保障粮食在地区间的余缺调剂得以顺畅地进行。民以食为天，乾隆之世人口激增，解决好人民的吃饭问题确实不是一件轻易的事。

（3）乾隆很重视价格调节商品供求的作用。如在粮食上他就不赞成由官员来酌量定价，而是让民间米谷自在流通，价值平减。歉收地区不得抑令市集减价，以致商贩裹足不前。商贾"以歉收之处米少价昂，俱赴有收之地争买运，迨至商贾辐凑，舟车络绎，聚集既多，价值自减"。实行免税，更使"估船闻风云集，市价自平"。这叫做"利在而贩必集，粮充而价自平"。对于丰收地区粮食充裕，粮价会趋下跌，鼓励商人来籴运，可防止"谷贱伤农"。为避免商人来得过多，促使粮价上涨，令商人分散在几处籴运，不过分集中于一地。运用价格机制，顺应自然，合理影响，这是乾隆思想的开明和高明之处。

乾隆曾表示"大概市井之事，当听民间自为流通，一经官办，本求有益于民，但奉行未协，转多扞格（难以协调各方关系，反而生出许多矛盾）。"他推行的那些对商业比较开放、多给自由的政策，与这一指导思想显然有关，而这种思想是顺应商品经济的发展的。

二十五 雄视海内、阔步天下的晋徽商帮

明清时期，随着商业的发展，出现了不少以地域为中心，以血缘、乡谊为纽带的商人群体——商帮。著名的有山西商帮、陕西商帮、宁波商帮、山东商帮、广东商帮、福建商帮、洞庭商帮、江右（江西）商帮、龙游商帮和徽州商帮这十大商帮。其中以晋商、徽商实力最强、活动最广，奋起于明中叶，清中叶为其鼎盛时期，但盛极则衰，也难脱衰落的命运。商帮的特点、成功的原因如何，可以推晋、徽两大商帮为其代表来作些说明。

1 晋、徽两大商帮的由来和发展

山西"天寒地瘠"、"土狭人满"，自古以来，经商是其解决生计民食的出路。明初，北方各边镇形成庞大的军事消费区。为了供应边饷，实行盐粮交换的开中制，山西商人利用地理之便，率先进入北方边镇市场，依靠贩运粮食、布匹等军需品和经销食盐专卖

品，迅速发了起来。明中叶开中由纳粮改为纳银，晋商活动场所转移到扬州，以经营淮盐为中心，并不断扩大经营范围。清朝统一中国后，晋商势力由明代的中国北部地区扩展到全国，并延伸到俄国、日本和朝鲜。经营商品除明代就有的盐、粮、布、绸外，又增加了洋铜、木材、茶叶、烟叶、皮张、药品等，范围十分广泛。在明代始建的为数不多会馆的基础上，于许多城市建立了团结同乡的会馆。在道光年间商业资本与金融资本结合，创办了具有重大影响的"票号"，逐步垄断了全国的汇兑业，山西票号中外闻名。山西的商业资本，明代的巨富不过每家银数十万两到百余万两。清代，百万至三四百万两者有祁县渠、榆次常、太谷刘诸姓；四五百万至七八百万两者有介休侯、太谷曹、祁县乔诸姓；平阳（今临汾）亢氏号称数千万两，至于数十万两拥有者就更多了。

  徽商（新安商人）也因山多田少，本地大部分人口出外经商。开始是利用当地原料或山区特产（竹、木、茶）、手工艺品（文房四宝）向外推销，行贾他乡，后来进而贩运四方物资，交流各地商品了。明初亦参加开中、商屯，但势力不及晋商，中盐由纳米改为纳银后，徽商占地理之便抢占了淮盐市场。大约明弘治以降，徽商出外经商者增多，以致形成商帮。晚明食盐改行纲法（官不收盐，商收商运商销），食盐经营垄断于分割"引岸"，有世袭特许权的纲商之手，徽商即占纲商中的大部分，盐业界的"总商"亦以徽商为多，后来居上，其势力已凌驾于晋商之上。清代徽商更趋活跃,会馆布南北,足迹遍天下,内地十三省、边陲、海岛无所不往,尤其东南地更是"无徽不成市"、"无徽不成镇"。不仅垄断两淮盐利,其典当业、茶、木经营也遍布各地;长江一线的盐(淮盐)——粮(湖广四川)和布(江南)——粮的对流贸易也多操于其手。徽商的商业资本在明代初不过二三十万至百余万两,"山右(山西)其富甚于新安";清代的徽商数百万已不算顶尖,资本之"充实者",往往"以千万计"、"富至千万"。连乾隆也惊叹:"富哉商乎,朕不及也",资财的"千万级"者,在山西唯亢氏始能与之颉颃(音 xiéháng)。

商帮集团性的加强

商而成帮,小而在一个商号内部,大而在各个商号之间、行业之间,必须有凝聚力,把大家捆在一起,而不是一盘散沙。这样才能在商业竞争日益剧烈下,巩固已获得的商业阵地和某些行业某些地区商业的优势地位。

以晋商而论,其集团性加强最明显的表现是会馆的增多。现存嘉庆以前会馆碑刻资料32个,其中晋帮会馆13个;在汉口、佛山有山陕会馆,苏州有全晋会馆,这些会馆敦睦乡谊,相互支持,供奉关公(山西人,以义著称)为其共同的精神支柱。一个大的会馆如汉口山陕会馆内,包括许多行业和省内许多区域的商人〔如太原帮、汾州帮、闻喜帮、陆陈(粮)帮、核桃帮、卷茶帮、西烟帮等〕。

　　清代的晋帮商号，很多采取联号的形式。某一地方某一家族在某地或各地开设的商号，如祁县乔氏在包头开的"复字号"，太谷曹氏励金德账房在太原、潞安、江南的各商号，是总号分店和联号的形式。由于属于一个财东，关系自然容易协调互济。在一个商号内部，清代的山西商人在明代领本制、东伙制的基础上实行了股俸制，从掌柜至伙计都可不同程度地顶上"身股"，和财东的"银股"一起参加利润分配，伙计为了多顶身股甘心勤勤恳恳为商号服务。内部关系协调的商号和同一财东的各联号，是集团性加强的又一表现，以此为基础，构成了纵横连接、网络贯通的地域性的商帮。在思想上山西商人特别提倡"中和以德"，团结乐群的精神，其讲义气、讲相与、讲帮靠，还不仅仅是出于乡里之谊而已。

　　徽商的"以众帮众"的会馆在清代也遍于各省。但徽商商帮有其特点：徽州地区"最重宗法"，大都是合族出外经商，靠敦宗谊、联族谱凝聚起一个个宗族性的商业集团，其同族即是同乡，族与乡是重合的。这与晋商的特重乡情（除一二外役外都是清一色的山西人），乡不等于族，商帮主要是乡土性的商业集团大相异趣。山西人不避同乡（可知根知底），而回避亲族（不徇私妨贤），即使财东也不能私自荐用亲戚子弟入号，只能向别号推荐；徽商却充分借助于宗族势力，商帮是宗族势力的扩大，是许多经商宗族的联合。在商号内部，伙计不是同宗族人，便是"佃仆"。族人也是不同辈分"尊卑秩然",佃仆更是"严主仆之分","一报门下,终身听役"。像山西商帮比较进步的伙计顶身股制在徽商中间还没有采用。

山西商帮在清后期具有较强的后劲,还由于商号与票号之间的协调互济。如果没有商业与金融两种资本的混成生长,互相促进,山西商帮也是不能深入国内各地以至打到国外去的。

3 成功的要诀

晋、徽商帮迅速开展业务、积累资本,经营上卓有成效,其原因是什么呢?

商帮行走四方,长途贩运,不能不频历风波之险,这就要具备勤劳刻苦的精神,晋商于这方面表现非同一般。清代晋商开拓西北、蒙古以至中俄恰克图的贸易,就是一个显例。太谷商人王相卿以一根扁担、两个木箱勤俭起家,创建了旅蒙商号大盛魁,发展到员工六千,骆驼二万,贸易额年千万两。他们走西口,越沙漠,穿草原,顶风挨冻,忍渴冒暑,踏出了一条通往俄罗斯的商路,大量茶叶由此源源北上,这条"茶叶之路"实不让丝绸之路专美于前。在经商刻苦性上,山西商人实堪称道。

徽商之出门跑买卖者,也戴星出入,不以为劳。清绩溪人汪可越,"牵牛服贾,有无化居,性节俭,甘淡泊,饮食服饰,宁不如人,惟孜孜勤苦于栉(音 zhì)风沐雨中炼成一生事业",堪为徽商中勤劳的典型。

经商讲信义，历来是诚实的好传统。徽、晋两帮的商人也很注意商业道德。徽商中能以"诚笃（音dǔ）不欺"，"言信情忠"，"诚信笃实，孚于远迩"者在在都有。清婺源人朱文炽在珠江经营茶叶，每当出售的新茶过期，总是不听市侩的劝阻，在交易契约注明"陈茶"二字，以示不欺，宁亏蚀，也无怨悔。黟县人胡荣命贾于江西吴城50余年，童叟不欺，名声大著，晚年罢业还乡，有人要以重金赁其肆名，胡拒之，说"彼果诚实，何藉吾名也？"

晋商中同样有许多以诚信孚众望的商家。祁县乔家在包头开设复盛公商号，保证质量，不缺斤短两。有一年运往山西的大批麻油被掺了假，一经发觉，立饬另行换装，以纯净好油运出，虽说店里暂受损失，但诚实不欺，复字号的油成为信得过的商品。茶叶为晋商主要经营项目，蒙古牧民只要看到刻印有太玉川、长裕川字样的砖茶就争相购买，甚至砖茶竟被代替银两作为货币在交易中使用。以诚经商取得人们信任，招来更多顾客，生意也就能越做越好，越做越大。

经商要"用奇胜"，不落俗套。清代歙（音shè）县盐商鲍直润不顾家人反对，独认江山口岸，理由是"今江山口岸，众商星散，势将食淡，所谓人弃则我取。譬如逐鹿，他人角之，我踵其后。时不可失，吾意决矣"。这是一个"人弃我取"的出众人之不意，颇有当年白圭之遗风。康熙时徽商汪氏在苏州设益美布号于阊门寸土寸金之地，竞争者多，生意不好，思量对策，想起太史公所云"富者必用奇胜"，顿然有悟。

他叫伙计把阊门一带裁缝个个请来，嘱咐他们今后给顾客做衣服，如用益美布号的布，凭所保存的机头（商标）每份奉赠银二分，裁缝们便到处称益美的布好（实际质量也好），结果声誉大起，成了名牌货。汪氏巧为广告之法，提高竞争技巧，其所以获得成功，并非没有来由。

晋商中也颇有善用新招者。祁县乔氏在包头开复字店连锁店，皮毛、绸缎、药材、典当、估衣、钱业、粮食无不经营，又购地280亩，开办复盛菜园。这在塞外苦寒之地可算是行业新货色新，这叫"不怕千招会，就怕一招鲜"，出奇制胜，开风气之先，自然大受市场欢迎，获利丰厚。在茶叶经营上想出新套套，是晋商出奇制胜的又一例。清代原外销茶大都为福建武夷所产，太平天国时进货渠道受阻，晋商迅速转向湖南采购，在两湖交界的羊楼河一带，大办茶山，又在当地设茶场，按照蒙俄消费者的口味，加工制造帽盒茶、砖茶、千两茶，外销茶从生产到加工到运输到销售，形成一条龙。这是一种新的经营形式，也是他人所未为的出奇制胜，宜乎取得很大的效益。

晋、徽商帮的一些大商人同封建政权有特殊关系。清康、雍、乾三朝，山西商人曾输送大批军需，倒贴钱财，支持了清政府的几次重大军事行动，因而享有经济特权，获得巨大利益。如介休范氏即以此取得了长芦盐的专卖和洋铜的采购权，还被授官衔。后来的票号也与清政府的官员往来密切，承担了南方几个省和海关上解户部京饷的汇兑业务。徽商同样善于交结官府，取得公开的庇护或其要员的暗中支持。扬州盐商中的总商在乾隆下江南时几次接驾。如江春"召对称旨，深受宠荣，加布政使衔。"盐商还通过捐纳、捐输、培养子弟参加科举考试，渗入官场，以商资官，以官护商。商帮中的这些有别于一般民间商人的，与官府深相结纳的被称为"皇商"、"官商"的特权商人，同清统治者休戚相关，利害与共。

4 商帮的历史作用和衰落的原因

商帮——商人的集团化，联合起来，资本足（在山西有资金入股的"银股"），行业多，规模巨，联系广，远程辐射，多元经营，机动灵活，自我调节，减少风险，增加效益，在一定的组织形式下（如会馆），又有利于对外竞争，对内团结。这样，力量既大，积累就快。明、清，尤其是清前期商人资本之远过前代，与商帮的形成也有一定的关系。通过商帮的积极活动，开拓了国内外的商路，促进了各地城镇的兴起和繁荣，加强了各经济区之间的沟通和联系。有的商人还以其积累的资本投资于生产，为资本主义萌芽的生成创造了条件。

但是在清后期徽、晋商帮相继衰落。推其原因，在封建政府方面，是嘉庆以来，国势由盛转衰，动乱迭起，财政日益困难，除加重商税外，对商帮每令交纳巨额的报效金和捐借款，沉重的负担大大削弱了商帮尤其是徽商的资本；而道光年间盐法改革，改纲法为票法，认票不认人，取消了原来在纲"引商"的专卖特权，又从根本上动摇了盐商尤其是徽商的地位。在商人本身，奢侈日甚，尤其是徽商，"婚嫁丧葬、堂室饮食、衣服舆马，动辄费数十万"，所得利润一半以上用于"肥家润身"，这更加快其资本销蚀的过程，而经不起突然的变故（如盐法改革）。外国资本主义的入侵是促使商帮走向衰败的又一重要原因，尤其是晋帮所受影响更甚。几次外国入侵战争都使晋商在东北华北等地的商号和财产遭受数以千万计的损失；俄国商人取得前往张家口、天津、上海、汉口的通商权，对外贸易为外商取代，恰克图的晋商只剩下20多家。清末晋商虽借票号，一时维持其声誉，然户部银行成立，竞争对手强大，对公业务受到排挤；经济危机不断，票号倒账倒闭风潮迭出，辛亥革命中票号更多地在挤兑、抢劫中破产，还殃及其他有关的商业。"清亡票号亡"，山西商人再难保持其昔日的辉煌了。

二十六　海禁开放后的中外贸易和林则徐的禁烟

清初因政治原因曾实行过较明初更为严厉的海禁，开禁以后，面对外国殖民者的侵略势力，出海贸易虽有限制，对外贸易还是续有发展。但外国侵略势力对此并不餍足，由鸦片走私进而发动鸦片战争，迫使中国市场发生了根本性的变化。

由四口通商到一口贸易

康熙中期（1684年）随台湾的回归而开放海禁，允许国内商人在一定条件下出海贸易。翌年，以广州、厦门、宁波、上海为通商港口，设粤、闽、浙、江四海关。尽管出海贸易仍有许多限制，如需经核准取得凭照，船只禁止租赁，载重限五百石以下，不许夹带铜钱、武器，禁止粮食、硝磺、铜铁器出口，丝、茶、大黄输出数量有限额，于规定年限内返航等，但贸易发展仍很迅速。每年造船出海贸易者多达千余艘。闽广沿海居民望海谋生，十居五六，家给人足。外国来的"商舶交于四省","方物环室可效之珍,毕至阙下,输积于内府。"大观园里也摆设不少洋货,如洋呢、洋瓷、洋烟、金表、自鸣钟等。

康熙五十六年(1717年),决定禁止通市南洋,原因是南明的残余势力私聚南洋各地,出海者私运粮食、变卖海船、人口外流等,主要仍从政治上考虑。禁航南洋影响了闽广人民的生计,减少了关税收入和国外白银流入,要求解禁之声不绝。雍正即位的第五年(1727年),即重开南洋贸易,结束了这十年禁令。即使在禁航期间,中国商船满载丝绸开往南洋,或以出航东洋(日本)、安南之名转往南洋的仍不在少数;南洋居民也欢迎中国商船的到来。但西方殖民者已久占南洋,排挤华商,得不到政府有力支持的中国商船自然无法与之竞争,解禁以后中国在南洋地区传统的商业优势也还是因外在限制而不断缩小。

乾隆二十年(1755年),英国商船装备数十尊炮,抵制清政府的外贸管理办法,执意绕开广州,其商人在宁波强行登陆。两年后(1757年),清政府决定撤销江、浙、闽三处通商口岸,只保留广州一处与西方通商。这只是为了巩固海防、防止走私,便于管理而采取的有针对性的举措,并不是什么闭关政策的最后形式。在广州以外仍有来自南洋的商船在厦门贸易(包括来自吕宋的西班牙商船进厦门港);中国船只在各港出入贸易限制比康熙时放宽(不限船只大小,是自造还是租赁,不论出洋远近、年份准回籍),商船出海多时数千艘,载重大者数千石。事实上广州一口通商已足以容纳西方各国所载无几的进口商货,并未束缚其手脚。宁波事件前后十几年间,粤海关每年来华船只约20~30艘,乾隆末则达80多艘;关税在乾隆末年达到117万两,比乾隆初期四海关收入的总和还高;贸易总值在乾隆二十二年以后的80年间其年平均数比乾隆二十二年的上一年四海关贸易总值增长近三分之一。粤海关的低关税率为西方商人大开方便之门,是贸易额增长的重要因素。

清政府的对外贸易管理制度

清代设立海关,代替前代的市舶司,管理对外贸易,掌管征税稽查,实际事务则由官设牙行来办理。这种牙行被称为"行商",经官府批准,取得特权,拥有纹章,充当国家垄断经营对外贸易的代理人。广东十三行就是这样的牙行(后来本身也经营买卖),是盐商以外的又一种特权商人。行商的主要业务是为外商代缴关税(包括货税和船料)与规礼(海关官员的需索),代办内地货物出口,承销外洋进口商品;政府命令、外商呈文都经其手下递上呈。十三行建筑商馆,租给外商居住,管理外商的生活行动,雇佣各种人员须由十三行介绍,严禁拐骗中国人。十三行的联合组织叫公行,起着控制内部竞争和限制外来散商的行会的作用。1720年公行成立后,除零星小宗商品(扇、漆器、刺绣、绘画等)在行商加保后可让公行以外的散商同外商交易外,茶丝等大宗商品的贸易都由公行专揽，抽取部分货值；外商出售也须先向公行接洽，不能直接与私人交易，如外商自己选定某一商人为交易对象时，仍须经公行留出货物之半数分配给行内的成员。进出口商品价格由公行评定，公行按货价的3%抽取"行佣"，实际还有暗扣。行商的首领叫"总商"，是中外贸易中的头面人物，也是中外交涉中的重要角色。乾隆十年（1745年）在行商和外商之间创设了"保商制度"，由殷实行商数人充任外商的保证人，外商从中找一人作保。保商负责担保来船应缴税款以及船上人员的行动，外商须付给保商若干报酬；保商并对承保货物有优先交易的权利。但税款如有拖欠、隐漏，保商须先垫付或负责赔偿。由一般牙行性质的行商，到包办洋务的公行和保商，对外贸易的管理越来越严密了。

在外国来华贸易的商人中，英国商船继荷兰、葡萄牙于1689年（康熙二十八年）进入广州，后又思进入宁波；一口通商后仍不死心，1759年派中国通洪任辉来见乾隆，借口广州行商勒索，要求增开口岸，改变通商事务，放松限制，被严词拒绝。1793年（乾隆五十八年），英王特遣使臣马戛尔尼以补庆清帝八十寿诞为名，来中国要求增开口岸（舟山、宁波、天津），减免商税，给予租界，并派公使长驻北京，在北京设行。在受到隆重的招待、优渥的赏赐以外，所提要求被逐条驳斥。由于当时清王朝国势鼎盛，英国资产阶级只能一再自讨没趣。嘉庆时清国势转衰，英国兵船三艘于1808年驶入澳门，停留两个月之久，以武力示威。在中国断绝贸易、坚决抗议下才被迫撤出，以后英船炮击中国沿海村庄之事常有发生。外国势力不满意清政府在对外贸易上的管理，一直在设法摆脱控制。

3 鸦片走私对中国的危害

外国商人几多折腾，不仅是对清政府在外贸管理上的约束感到很不满意，更重要的是对华贸易的入超使他们处于很不利的地位。当时西方商船从中国带走的主要是生丝、丝织品、茶叶、瓷器、药材、土布、蔗糖、水银、生锌等物品，进入广州的主要是哔叽、羽毛布、珊瑚、洋参、香料、钟表、棉花等数十种而已。巨额贸易逆差，使外商不得不以大量的银元来抵付，每年要有100万～400万两的白银流入广州。在18世纪欧美各国的对华贸易中，已由英国居首，该国资本家试图在中国推销毛织品却销路不佳，洋纱、洋布又竞争不过中国的土布。为了扭转贸易劣势，百思无计的英国资产阶级竟无耻选择鸦片这一毒品来向中国走私倾销。1727年输入鸦片仅200箱，只是供医疗用，1825～1829年偷运来12000箱，1838年超过40000箱（占对华输出额的一半多），从1798年起的41年中共输入43万多箱，约值47000多万银元。一向出超的中国一变而为入超，丝茶等出口抵不住鸦片输入的价值，白银大量外流，年流出多达千万两。这就严重恶化了清政府的财政状况，影响市场上的货币流通，银贵钱贱（乾隆时一两银值铜钱700文，道光十八年涨至 1600 文），以白银计算的田赋、地租都要农民以更多的铜钱去兑换，负担大大增加；同时城乡的很大部分购买力被鸦片吸去，货物销路皆疲，国内商业萧条，外国鸦片贩子却从中大发横财，其政府也从鸦片的税收上得到巨额的收益。众多中国人吸食鸦片上了瘾，身体受到严重戕害，成了吃人神祭坛上的贡品。

清政府对鸦片输入虽迭有禁令，但鸦片贩子视若无睹，猖狂地组织专运鸦片的配备枪炮的船队，进行武装走私。他们勾结土棍，以开钱店为名，暗中包售烟土——"大窑口"，再分销给各地"小窑口"，城市乡镇所在多有烟馆，构成了一个巨大的鸦片走私网和吸毒网。从广东的水师提督到巡抚、总督，大都是鸦片贸易的直接受贿者，巡防走私的巡船亦按月收取规银。明禁暗纵，明推暗受，上下串通，内外勾结，鸦片已侵蚀清王朝官僚政治的肺腑。在日益腐败的清统治阶级内部，已形成了一个靠鸦片发财的、本身吸毒的、主张开弛烟禁的最反动的政治集团。

4 林则徐禁烟和英国发动鸦片战争

鉴于这些严重情况，统治阶级内部的开明派官员如林则徐、黄爵滋等，坚决提出制止鸦片进口、严禁官民吸烟的主张。林则徐大声疾呼："如烟不禁，则国日贫民日弱，十年后岂惟无可筹之饷，亦且无可练之兵。"道光皇帝终于在银荒兵弱的威胁下作出了禁烟的决断,特派林则徐为钦差大臣去广州查办鸦片。道光十九年(1839年)三月,林则徐到达广州后,一方面严令吸食者限期戒绝,收缴烟具和鸦片,严惩鸦片烟商和包庇烟贩的官吏;一方面传谕各洋商报明存烟实数,一律缴清,要他们具结,保证以后各船永不夹带鸦片,否则"货即没官,人即正法"。林则徐,这位最早放眼世界、关心"夷务"的爱国者,对正常的贸易采取了与鸦片区别对待的正确政策,指出:"奉法者来之,抗法者去之",不管哪国商人,只要肯具不带鸦片的甘结,就允许继续贸易。由于林则徐雷厉风行的禁烟运动,得到广州人民的大力支持,英国等鸦片贩子无法蒙混过关,最后被迫缴出鸦片20200多箱,计273万多斤(合银800万两,或银元1200万元)。林则徐令将全部鸦片集中在虎门海滩当众销毁,做了一件大快人心之事。

英国侵略者先是阻止其商船来广州具结,进行正当的贸易,蓄意借此制造事端。鸦片贩子被迫缴出大量鸦片后,更是借此大肆游说其政府,对中国实行报复。一场海盗式的侵华鸦片战争就在1840年爆发了,这场战争持续到1842年。

由于清最高统治者的颟顸无能、动摇妥协,由于清政府中鸦片贸易利益集团的阻挠破坏、卖国媚外,虽经人民的英勇反抗,但鸦片战争竟以中国方面失败告终。在屈辱的南京条约及其附约中,英国侵略者除了割占香港、勒索赔款、开辟商埠外,还取得了协定关税权、领事裁判权、租地建屋权(租界)。其他各国也以一视同仁为由,从中国抢走了各种权益。关税由外人来定,海关由外人来管,中外贸易已变成不平等的贸易。五口通商(上海、厦门、福州、宁波、广州),上海扶摇直上,成为全国最大的内外贸城市。原在广州的外国洋行陆续迁至上海,原管理外商的"行商"摇身一变,成为替外国主子服务的买办,再加其他受外国商人自由雇佣的买办,组成一个新起的买办阶级。他们公开推销鸦片,收购丝茶,倾销洋货,廉价掠夺原料,从外国商人的厚利中分得一杯羹。而老大的中国则从此一步步地沦为半殖民地半封建社会,中国的商业也就开始踏上近代的里程。

清政府对于对外贸易通过海关进行监督、管理,对于外国入侵者的觊觎加以防备、限制,对于鸦片毒品的走私给于打击查处,这原是主权国家的正当的民族自卫行动。鸦片战争之起,其咎不在中国一边。"闭关锁国"云云乃是鸦片贩子为发动战争而强加于中国的借口,是西方居心叵测的商人为叫中国门户洞开,让他们通行无阻而对中国的恶意中伤。康熙二十三年废除海禁后,中国实行的已是开海贸易,并非锁国排外,虽有一定的限制,也有其不得不然的必要性。连中外关系史专家美国学者普立查特也承认外国人"受到帝国政府的充分保护",世界上任何其他国家对待外国人的态度都不像中国这样的"宽容大量"。(普立查特:《十七、十八世纪的中英关系》)不过,清政府的对外贸易确实限制多于鼓励,长于骑射的统治者面对接踵东来的欧洲海盗,采取的却是消极海防的政策,与汉唐时以至明永乐时的对外开放、积极防御、主动进取相比，确是大为逊色。总的说，清王朝确是偏于内向的，统治者"对新事物特别憎恶，对旧惯例特别固执"（范文澜语）。为了维护其统治，不愿人民与外国人接触，以免引起排满情绪，致使能放眼世界谙于形势者绝少（如林则徐）。再加上八旗贵族日趋腐化，已丧失其龙兴之初的朝气，在庄严的国门前不配做称职的管门人，所以其被动挨打也不是没有原因的。

二十七 "商战论"：资产阶级改良派郑观应进步的经济思想

外国侵略者为了进一步打开中国市场而发动的第二次鸦片战争，又迫使清政府作出更多的让步，一个接一个的不平等条约使关税再次降低（5%），内地关税也受到干预，只交2.5%的子口税，洋货就可"遍运天下"，外国商船在内河航行还受到保护，商埠又陆续增加了31个，洋商开设至500余家。中国封建自然经济瓦解，成为西方列强的商品输出地。在进口商品中鸦片比重下降，棉布、棉纱、钢铁、石油和各种洋货输入猛增，1865年起外贸入超年年增加，1888～1894年年达三千几百万海关两。中国真正成了外国人的"惬意的市场"！外国资本主义的经济侵略，不仅对中国封建经济的基础起了解体作用，同时又给中国资本主义生产的发展造成了某些客观的条件和可能。从19世纪60～70年代开始，中国逐渐出现了自办的机器工业（从洋务派官僚开始，民族资本继之），这些投资兴办新式工业的商人、地主和中小官僚以及较小的工商业企业主、手工工场主、小业主、华侨工商业者，构成了一个新兴的阶级——中国资产阶级。这个阶级中的上层，在思想上充分反映了投资建立资本主义工商业的愿望和要求，对外国侵略者的殖民掠夺和清廷的腐朽统治表示了一定程度的不满和批判，这就是19世纪最后20～30年中逐渐产生和形成起来的资产阶级改良派的经济思想。在1894年中日甲午战争以前的阶段中，郑观应是其主要的代表人物之一。

1. 买办——洋务派——民族资本家，郑观应一生走过的曲折道路

郑观应（1842～1922年），亦作郑官应，字正翔，号陶斋，广东香山县（今中山县）人。在外国资本主义侵入，中国社会经济急变形势的影响下，年轻的郑观应于1858年17岁时就放弃了一般传统知识分子科举求仕的道路。当时广东人北上至上海从商的人很多，郑观应经人介绍也来到沪上。先是到外国企业中服务，在宝顺公司、太古公司担任位置较高的买办达20年之久。1880年以后，受洋务派官僚李鸿章的委派，先后以商股代表的身份，参加过许多重要的官督商办企业，在其中担任帮办、总办等高级职务。在商办时期的粤汉铁路，郑观应当了总经理，此外还创办过经营进出口业务的贸易公司，在国内一些重要口岸开过航运公司等，成为民族资本家中的一分子。

在中国近代经济史上，由买办转化为洋务派再转

化为民族资产阶级资本家者,并不是个别的。唐廷枢、徐润和郑观应走的都是同一条曲折的道路,这是半殖民地半封建社会条件下资本家形成的特点之一。诚然把中国资产阶级区分为买办资产阶级和民族资产阶级是必要的,但就某个人而言,又不能绝对化,两者不存在不可逾越的鸿沟,随时存在相互转化甚至一身二任的可能。郑观应就是这样的一个恰当的例证。

郑观应实际从事工商业活动,又对当时的政治经济问题有自己的见解,作了有益的理论探索。几十年中他撰写和辑录了许多文章和著作,于1892年编成《盛世危言》,1896年再出版《续集》,1909年还有《后编》。他通晓外语,到过国外许多地方,厕身洋行,同洋人打交道,对外国资本侵略的危害认识更为深刻;他参与洋务活动,对洋务派企业内部的腐朽黑暗现象都亲身见闻,体会更为直接。他没有继续走当买办、办洋务的道路,而是举办实业,关心时政,热心新学,提倡变革,在自己的著作里切中时弊地进行具体的揭露和批判,阐述了对当时腐败的政治经济制度的看法和改良办法,对资产阶级改良思想的传播发挥了重要作用。其声望和影响均出于同时代的同类人物如王韬、马建忠、薛福成、陈炽等人之上。《盛世危言》是当时国内流行较广的书籍之一,并流传到朝鲜、日本等国。

"商战论"的积极鼓吹者

郑观应特别重视商业,充分肯定商业的地位和作用，提出了"以商立国"的口号。他认为"商以懋迁有无、平物价、济急需，有益于民，有利于国，与士农工互相表里。……商贾具生财之大道，而握四民之纲领也，商之义大矣哉！"他并把商务比作"国家之元气"，"通商者，疏通其血脉也"。对比古今中外的历史，郑观应说："古有四民，商居其末。古以农为本，盖谓国无民不足以为治，民无农不足以为养也"。"居今世概念商务，其情势有不可同日语者矣。考西人之商于中国也，自明季始。中国与彼族互订通商自道光始。洎乎海禁大开，中外互市，创千古未有之局，集万国同来之盛"。"彼方以国护商，群恃中华为外府，吾犹以今况古，不知商务之匪轻，天下滔滔，谁为补救哉？"他主张要改变中国士人的轻商传统观念，提倡培养懂得工艺制造、商业经营的人才，以适应发展商务的需要。他认为工商关系特别密切，"商务之盛衰，不仅关物产之多寡，尤视工艺之巧拙。有工翼商，则拙者可巧，粗者可精。……即今力图改计，切勿薄视商工"。他还认为农业的发展对商务也至关重要，要"以农为经，以商为纬，本末备具，巨细毕赅"。"富出于商，商出于士农工三者之力"。但在"四民"中只有振兴商务才掌握了纲领，士农工都不过是商的帮手。这种不同于前人（桑弘羊的重官商而抑私商）或超越其前辈（包世臣、魏源）的重商思想，实际是以商业为中心来全面发展中国资本主义经济的思想，彻底否定了传统的重农轻商观念，在中国经济思想发展史上具有重要的地位。

郑观应重视商业，期望在中国发展资本主义，在当时的条件下就必然强烈要求抵御外国资本主义的经济侵略。为此他特别强调同外国资本主义国家进行"商战"的必要性。他指出西方资本主义国家侵略落后国家时，"不独以兵为战，且以商为战"。"各国并兼，各图利己，藉商以强国，藉兵以卫商"，商战是兵战的目的，军事侵略最终是为了经济利益。"西人以商为战，士、农、工为商助也"。"公使为商遣也，领事为商立也，兵船为商置也。""彼之谋我，噬膏血匪噬皮毛，攻资财不攻兵阵，方且以聘盟为阴谋，借和约为兵刃，迨至精华销竭，已成枯腊，则举之如发蒙耳"。他认为商战比兵战具有很大的隐蔽性和更大的危害性。他说"兵之并吞，祸人易觉；商之掊克，敝国无形"。"兵战之亡速而有形，譬如风吹灯灭；商战之亡缓而不形，譬如油尽灯灭"。"兵战之时短，其祸显；商战之时长，其祸大"。郑观应主张以两手来对付外国侵略者：以兵战来抵御外国的军事侵略，以商战来抵制外国的经济侵略。欲安内攘外，亟宜"练兵将，制船炮，备有形之战，以治其标。讲求泰西士、农、工、商之学，裕无形之战，以固其本"。结论是："决胜于商战"。"欲制西人以自强，莫如振兴商务"。"商战"对郑观应来说，并非大言侈谈，他曾在外国人那边办过事，熟悉他们在经济上所搞的种种手法，中国人讲商战无非是即以其人之道，还治其人之身。"初学商战于外人，继则与外人商战"，这句话是郑观应对自己一生经历的总括。

郑观应深知外国人对中国的"商战"是凭借了不平等条约所给予的特权，因此他主张还外国人以商战时必须限制以至取消被攫走的种种特权。对协定关税、内河航行以及继之而来的筑路、开矿、设厂等规定，他都大声疾呼地加以反对。他一再揭露以赫德为首的洋人把持中国海关，"袒护彼族"，"阻挠税则"，要求把海关的主要职位都改以华人担任，以便"权操自我"，并要求"重订税则，厘正捐章"，增加进口税，降低出口税，以渐塞"漏卮"。

如何振兴商务同外国人进行商战？郑观应认为必须改变"出赢而入绌，彼受商益而我受商损"的长期外贸入超的劣势。为此，他主张以"振兴丝茶工业"为"商务之纲目"，并采取10项措施：广种烟土，徐分毒饵之焰，与外国进口的鸦片战；广购新机，自织各色布匹，与外国洋布战；购机器织绒毡、呢纱、羽毛、洋衫瘴、洋袜、洋伞以及玻璃、纸张、器皿、钟表等，与外国诸用品战；发展卷烟、酿酒、制糖等业，与外国诸食品战；种植玫瑰等香花，制造香水、香皂等物，与外国化妆品战；遍开五金、煤矿，与外国洋铁、洋铜战；广制煤油，自造火柴，与外国洋油、洋火战；整顿瓷器厂务，精工细制，与外国玩好珍奇战；以中国传统的绸缎织造之法仿织外国绉绸，运往各地，与外国零星杂货战；鼓铸金、银钱，办理一律，与外国洋钱战等。总之，要做到"中国所需于外洋者，皆能自制，外国所需于中国者，皆可运售"。"彼之物我可有可无，我之物使彼不能不用"。其思路是优先发展西方向中国倾销商品量最大的新式工业,实行进口替代,然后发展出口替代工业(如纺织外国绸缎,运往各国),"视其所必需于我者,精制之而贵售之"。他主张更以发展丝茶二业为出口的基础,使中国商品更多地打入国际市场,变入超为出超,取得商战的胜利。

3 发展资本主义工商业的各项建议

郑观应的发展商务、实行商战,目标是在中国发展资本主义经济,发展资本主义工商业,于此他提出一系列的重要建议和主张。

他主张鼓励私人工商业资本的发展。建议仿照日本,"招商集股设局制造","一切章程听商自主,有保护而绝侵扰"。工矿交通,"一体民间开设,无所禁止"。对私人经济政策要宽松,办有成效者,国家给以称颂,若生意不前折阅负累者,国家许其免究。"如此而商务不振者未之有也"。

他呼吁革除弊端,为工商业发展扫清道路。认为内地商务所以不振者,其弊之大者为厘卡日增,商贩成本加重;卡丁、差吏额外需索。为此要求迅速废除厘金制。只有撤厘,才能"减内地出口货税以畅其流",再加上"增外来入口货税以遏其流",中国商品的竞争能力才得以提高。

他倡议兴办商学,培养实用人才。认为"商贾之学具有渊源","商务极博,商理极深,商情极幻,商必极密,欲知此道,不但须明白旧日所传商政,并宜详求近日新法"。"宜设立商务学堂、博物馆、赛珍会，以为考究之所"。商学教育，应"分门别类，以教殷商子牙，破其愚，开其智，劝其创，戒其因，使豁然于操奇逐赢之故"。如此，"则商贾中人材辈出"，"自然商务振兴，而阛阓日有起色矣！"

郑观应还强调要建立主管全国商务的管理机构"商部"，南北洋分设商务局于各省水陆通衢。如是"则兴废当，谋画周，上下之情通，官商之势合，利无不兴，害无不革，数十年后中国商务之利有不与西欧并驾者，吾不信也。"

发展资本主义，郑观应寄希望于私人经济，而对他自己参与过的洋务派官僚办企业已经表示失望。他指责在"官督商办"企业中，"官夺商权"，"专擅其事"，"调剂私人"，贪污中饱，诸弊丛生。不"全以商贾之道行之，绝不拘以官场体统"，是搞不好企业的。郑观应的立场已完全站在民族资产阶级这一边了。

由郑观应率先倡导的"商战"思想是爱国主义的经济思想。在列强不断加紧侵略，民族危机日益严重的历史条件下，尤其具有进步意义。它在一定程度上唤醒了国民的觉悟，促使许多人走上企业救国道路，推动了民族资本主义工商业的发展，也在一定程度上抵御了外国资本主义的经济侵略。

二十八　渠本翘保矿——清末民族资本家的爱国反帝斗争

19世纪末，世界资本主义已发展到帝国主义阶段。由自由资本主义向帝国主义过渡的日本，向中国发动了甲午战争（1894～1895年）。战败的清政府在屈辱的马关条约上签了字，赔偿军费，增辟商埠，割让台湾。日本及"利益一体均沾"的各帝国主义国家都纷纷攫取了在中国设工厂、开采矿山和建筑铁路的特权，"租借"了港湾，划定了势力范围。帝国主义对华的侵略已由一般的商品输出进而为资本输出，中国的半殖民地半封建社会至此完全形成。

在这以前，中国早期的由地主、商人等转化而来的民族资产阶级，已有设厂开矿、采用资本主义方式经营的要求和行动。如果说明清时商人与手工业结合还只是资本主义萌芽，新兴的工商业者还只是一个发展中的阶层，那么，到甲午战争前他们已逐渐形成一个代表着新的生产力和新的生产关系的新阶级了。19世纪50年代起外国侵略者虽不顾清朝法令，已在上海等地开设了工厂，但主要是为商品输出和原料榨取乃至文化侵略服务的，数量不多，规模不大。甲午战争后，各国有了在中国开矿设厂以及其制造的商品可和进口商品一道免征一切厘卡杂捐的特权。于是外国资本就像水银泻地般的渗入中国的各个经济部门，尤其是掠夺路矿权利更是其资本输出的主要方式。这样，外国侵略势力就同要求自己开矿设厂的中国民族资产阶级的美好愿望及其经济利益发生了越来越激烈的正面冲突。因此，在甲午战争后，中国人民反对外国侵略的情绪日益高涨，除了相继不断地抵制洋货以外，各地风起云涌的护矿权、护路权斗争更成为矛盾的焦点和重点，这表现了当时的时代特色。在有关这方面的矛盾斗争中，最早发生的山西商民的保矿运动可谓声势浩大，轰动一时。而出身山西商人家庭的渠本翘在这场运动中作为一位积极的组织者，起到了关键的作用。

1 渠本翘的出身与经历

渠本翘（1862~1919年）字楚南，山西祁县拥有三晋源、百川通、长盛川三家票号的大商业资本家渠源祯之长子。票号是后期晋商的创造，商业资本与金融资本相互渗透、转化，积累财富更快。渠源祯有"旺财主"之称，也捐过官，对儿子渠本翘着意培养。本翘幼时循例读私塾，聪颖好学，是山西票号资产家族中的佳子弟，27岁（光绪十四年，1888年）中举为山西乡试的第一名解元。越4年，即光绪十八年，会试、殿试连捷，成进士，可说是少年高第，在山西商界子弟中算得凤毛麟角。尤其难得的是他既非腐儒，又非禄蠹，敕任内阁中书后，又以外务部司员身份东渡日本，于1903年任驻横滨领事，因之于"外国商务亦有体会"。宣统二年（1910年）任典礼院直学士，是晋籍在朝的有名"京卿"，实际上是冷署闲曹，正好不耽误社会活动。他关心文化教育事业，1905年就捐银2万余两，创办祁县中学堂，亲任总办，1910年清廷简任他当山西大学堂监督（校长）。其经历足以表明他确是个高文化、高素质的人才。可是，他并没有接着去当官办学，而是走上了另一条办厂开矿的道路。

在历史上，商人的利润大都流向土地或转为高利贷资本；与生产结合、投资于手工业生产，明清时已陆续出现，但还不是很多、很普遍，因为经商之利毕竟厚于生产之故。山西商帮也是如此。在其后期，创设票号，迅速由纯粹的商业资本与金融资本融合，其利润远高于手工业生产利润；即使在利用机器的民用工业初起时，也没有吸引晋商的大量资本。渠本翘之父渠源祯就窖藏银两300万两，而未投资于工业。但在甲午战争后，铁路兴修，航运开通，大大降低货运成本，长途贩运再无厚利可图，除办票号外，晋商的多余资本就有必要转移出来另谋出路。又由于投资办厂已在有识之士中倍加提倡成为风尚，晋商中的年轻一代也深受其影响。就在这种形势下，渠本翘也率先投身于办工业的热潮之中。

光绪二十八年（1902年），山西商务局经办的晋升火柴公司赔累不堪，渠本翘偕其亲戚乔雨亭以5000两银子的代价合伙将这官办的亏损企业购下，又注入资金13000两，更名为双福火柴公司，官办改为商办。全厂工人百余名，日产火柴四五十箱。在渠、乔的经营下，双福公司有了盈余，年年分红。双福火柴公司的成功创办，引发了此时山西社会人士对投资近代工业的兴趣。渠本翘开了山西民族资本工业的先河，他本人虽有官吏身份，但从经济地位上看是山西最早的民族工业家。他以商业资本投资于资本主义的近代工业，实现其自身向资产阶级、向产业资本家的转化，具有时代的进步意义。

清政府丧权辱国，山西人保矿护权

山西产煤，量多质优，一向为外国人所垂涎。1897年（光绪二十三年），英国福公司通过中国买办刘鹗设立晋丰公司，以行贿得到山西巡抚胡聘之的同意，与福公司签订了"请为晋省矿务借款合同"5条和"请办晋省矿务章程"20条，准许开采山西煤矿。因遭到晋籍在京官员的反对，清政府黜退声名狼藉的刘鹗等人，改由山西商务局与英商谈判。第二年山西商务局代表与福公司代表经谈判，拟定的"山西开矿制铁以及转运各色矿务章程"20条，在总理衙门正式画押，章程规定：福公司以向山西商务局贷款1000万元为条件，获得了在山西的矿产开采权与铁路建筑权，开采范围包括盂县、平定州（今属阳泉）、泽州、潞安府与平阳府属煤矿以及他处煤油各矿，比刘鹗等人所定的更加扩大，期限为60年。税利分配方法是：所办矿务每年所有出矿，按照出井之价值，百抽五，作为落地税，报效中国国家。每年结账盈余，先按用本付官利六厘（贷款利息），再提公积一分，逐年还本，仍随本减息，俟用本还清，公积即行停止。此外所余净利提二十五分归中国国家，余归公司自行分给。原先与晋丰公司合办的名义弃而不用，算是由商务局直接"转请福公司办理"。凡调度矿务与开采工程、用人、理财各事由福公司总经理。章程还答应给福公司更多的便利条件，如开矿机器料件进口可完纳海关正半税项，内地厘捐概不重征；允许福公司修路、造桥、开设河港、添造分支铁道，以转运山西煤铁与各种矿产出境，名为委托"专办"，实是拱手出卖。在获得让与权后，福公司发行的股票大涨，这就是当时有名的"山西股票"。只是由于义和团运动暂时阻止帝国主义对山西煤炭的掠夺，这个罪恶的计划被搁置了数年。

光绪三十一年（1905年）正太铁路正定至阳泉段竣工通车，晋煤外运之路畅通。福公司迫不及待插足阳泉，派人到平定勘测矿地，绘制地图，占山开矿，无理禁止当地人民打井采矿，并蛮横地说："专办就是独办，独办就是他人不得开办。"这就引起了阳泉人民、山西各界人士、海外学人及开明官吏的极大愤慨，一个规模很大的争矿怒潮终于席卷而来。

在这场斗争中，山西商人积极参与，纷纷举行罢市活动。光绪三十二年（1906年），日本东京发生了山西阳高县留日学生李培仁蹈海事件。李的蹈海及其数万字慷慨激昂的《绝命书》，进一步激励了山西人民争回矿权的同仇敌忾。太原各校学生为烈士开追悼大会，游行演讲，誓死保卫省产。省内各地许多县校也罢课响应。在福公司派代表来晋筹备开采，山西商务局宴请代表时，学生一拥而进，当面向英人申述反对意见，并力向巡抚请愿。巡抚允向清廷力争。后各界推举代表进京交涉。山西平定州各都群众组织起几班人马，一面勘测矿地，一面准备凿井，与福公司进行寸土不让、针锋相对的斗争。绅学工商各界代表联名禀请山西巡抚恩寿，要求批准创设保晋矿务公司，开采全省各种矿产；1907年春经晋籍京官呈请农工部奏准立案，保晋公司正式成立。

山西人民原要求撤约，清廷调停，劝双方让步，改为赎矿。本来英人合约中既要收息，又要分红（一半），已不合理，事实上1000万元借款分文未付，福公司却以被延误开矿时间，造成经济损失为由，索取赔款1100万元。这理所当然遭到山西代表的严词拒绝。最后英商以讹诈赎银275万两为条件，同意交出矿权，退出山西。双方议定，由山西省交付赎银，分4次交纳，第一次先交一半（余分3次付清）。在山西人民付出如此重大的代价之下，历时3年的争矿保矿运动于1908年1月宣告结束。

19世纪末20世纪初，清政府丧失了独立自主的地位，中国人民处于无权状态。在这样的历史背景下，帝国主义强迫订立的各项路矿合同是不平等的、掠夺性的。中国人民展开的收回路矿权利运动，无疑是正义的、爱国的。山西人民争矿保矿运动这段历史应给予高度的历史评价。

3. 渠本翘在创办保晋公司中的贡献

1907年奏准成立的保晋公司，集商、官、绅于一体，"乡望甚孚"的渠本翘，以其人品财产，被推举为首任总经理。由于赎矿银两数巨期短，为了不失信于外人，保山西的名誉，省当局便以地亩捐作抵押，由票号巨商渠本翘出面向山西帮各票号筹借此款，日后一次归还。福公司闻讯，"暗托与有往来之银行，收集在外之财，以困票庄"。而山西票号，不动声色，按期筹集白银150万两，支付了第一期的赎银。而且"纯然以使外国银行所周转之票相交付"。晋帮票号之所以鼎力相助，与"顾全桑梓，以公义为重"的渠本翘的从中斡旋是分不开的。

争矿保矿运动反映了新兴民族资产阶级要求自主开采矿产资源，发展民族工业的强烈愿望，保晋公司正是这一愿望下的产物。公司实行股份制，拟"招集股本银300万两，每股五两，分三期匀收"，"只收华股，不收洋股"。票号为公司在各埠招股，收存公司股金，借给贷款，并从事投资。至1908年1月股本已集三分之二，异常踊跃，集款已抵白银192万余两，渠本翘本人也入银5万两，并辞去了山西大学堂监督之职,专管保晋公司之事。

但中国的社会性质决定了民族资本荆棘丛生、步履艰难的坎坷道路。原由渠氏出面向山西各票号筹措之赎矿银,是以山西地亩捐作抵押的,而山西当局却在1911年截留了全省地亩捐,抵赖了本利总计百余万两,迫使渠本翘把保晋公司吸收到的股份资本银挪借(117万余两)归还各票号。这样,保晋公司的资金严重短缺,渠氏的实业救国计划受挫于封建政权的釜底抽薪,他不得不辞去总经理之职(任名誉总理)。这次周旋,使渠本翘对封建官场算是看透了。他斩钉截铁地在公司章程中写明:"至公司用人办事,一切以商务为宗旨,不得丝毫沾染官场气息",他已从封建营垒中彻底分化出来。

保晋公司在与洋人抗争中兴起,也在汲取西方先进经验中发展。除了实行较为完备的股份制、采用现代机器设备外,还聘任精通现代矿业与商务的专业人士担任技术和管理的主管,并采取了考试录用职员的办法。这些使保晋公司趋向繁荣的举措,大都是在渠本翘去公司时就厘定了的。

辛亥革命后,渠本翘避居天津,坚决拒绝袁世凯之召,以诗酒自娱,收藏古籍和书画,资助出版了几本诗文集。1919年在一次酒宴中猝然长逝,年58岁。

"保矿谁当外侮侵?商帮余韵未低沉"。渠本翘为晋商的历史添写了最后的光辉之页。的确,"山西矿藏没有在19世纪末期如开滦落入英人之手,如井陉落入德人之手,以渠本翘为代表的票号业诸前辈功不可没!"

在渠本翘以后，作为我国民族资本创办的最大煤矿——保晋公司，在惨淡经营下也经历过一段繁荣。除在阳泉大规模开采外，还在大同、寿阳、晋城设分公司，1916 年盈利 43 万元。1915 年山西煤在巴拿马博览会上崭露头角，被誉为"煤中皇后"。1917 年晋煤开始出口千余吨，1923 年增至 4 万余吨，创最高记录。

其后，军阀混战和日寇侵略，使保晋公司不断遭受挫折，终至被夺于人。直到全国解放，昔日饱尝封建主义、帝国主义压榨之苦的山西煤矿，才回到人民怀抱，走上社会主义的康庄大道。回顾其艰难历程，不也正是旧中国民族工商资本家辛酸经历的一个缩影吗？重温历史，珍惜现在。中国人一定要振奋民族精神，发扬爱国精神，自强自立，自尊自重，早日蜚声于世界民族之林。再度辉煌的历史正等待有人去开章续写。

《中国史话》总目录

系列名	序号	书名	作者
物质文明系列（10种）	1	农业科技史话	李根蟠
	2	水利史话	郭松义
	3	蚕桑丝绸史话	刘克祥
	4	棉麻纺织史话	刘克祥
	5	火器史话	王育成
	6	造纸史话	张大伟 曹江红
	7	印刷史话	罗仲辉
	8	矿冶史话	唐际根
	9	医学史话	朱建平 黄健
	10	计量史话	关增建
物化历史系列（28种）	11	长江史话	卫家雄 华林甫
	12	黄河史话	辛德勇
	13	运河史话	付崇兰
	14	长城史话	叶小燕
	15	城市史话	付崇兰
	16	七大古都史话	李遇春 陈良伟
	17	民居建筑史话	白云翔
	18	宫殿建筑史话	杨鸿勋
	19	故宫史话	姜舜源
	20	园林史话	杨鸿勋
	21	圆明园史话	吴伯娅
	22	石窟寺史话	常青
	23	古塔史话	刘祚臣
	24	寺观史话	陈可畏

系列名	序号	书名	作者
物化历史系列（28种）	25	陵寝史话	刘庆柱　李毓芳
	26	敦煌史话	杨宝玉
	27	孔庙史话	曲英杰
	28	甲骨文史话	张利军
	29	金文史话	杜　勇　周宝宏
	30	石器史话	李宗山
	31	石刻史话	赵　超
	32	古玉史话	卢兆荫
	33	青铜器史话	曹淑琴　殷玮璋
	34	简牍史话	王子今　赵宠亮
	35	陶瓷史话	谢端琚　马文宽
	36	玻璃器史话	安家瑶
	37	家具史话	李宗山
	38	文房四宝史话	李雪梅　安久亮
制度、名物与史事沿革系列（20种）	39	中国早期国家史话	王　和
	40	中华民族史话	陈琳国　陈　群
	41	官制史话	谢保成
	42	宰相史话	刘晖春
	43	监察史话	王　正
	44	科举史话	李尚英
	45	状元史话	宋元强
	46	学校史话	樊克政
	47	书院史话	樊克政
	48	赋役制度史话	徐东升

系列名	序号	书名	作者
制度、名物与史事沿革系列（20种）	49	军制史话	刘昭祥　王晓卫
	50	兵器史话	杨　毅　杨　泓
	51	名战史话	黄朴民
	52	屯田史话	张印栋
	53	商业史话	吴　慧
	54	货币史话	刘精诚　李祖德
	55	宫廷政治史话	任士英
	56	变法史话	王子今
	57	和亲史话	宋　超
	58	海疆开发史话	安　京
交通与交流系列（13种）	59	丝绸之路史话	孟凡人
	60	海上丝路史话	杜　瑜
	61	漕运史话	江太新　苏金玉
	62	驿道史话	王子今
	63	旅行史话	黄石林
	64	航海史话	王　杰　李宝民　王　莉
	65	交通工具史话	郑若葵
	66	中西交流史话	张国刚
	67	满汉文化交流史话	定宜庄
	68	汉藏文化交流史话	刘　忠
	69	蒙藏文化交流史话	丁守璞　杨恩洪
	70	中日文化交流史话	冯佐哲
	71	中国阿拉伯文化交流史话	宋　岘

系列名	序号	书名	作者
思想学术系列（21种）	72	文明起源史话	杜金鹏　焦天龙
	73	汉字史话	郭小武
	74	天文学史话	冯　时
	75	地理学史话	杜　瑜
	76	儒家史话	孙开泰
	77	法家史话	孙开泰
	78	兵家史话	王晓卫
	79	玄学史话	张齐明
	80	道教史话	王　卡
	81	佛教史话	魏道儒
	82	中国基督教史话	王美秀
	83	民间信仰史话	侯　杰
	84	训诂学史话	周信炎
	85	帛书史话	陈松长
	86	四书五经史话	黄鸿春
	87	史学史话	谢保成
	88	哲学史话	谷　方
	89	方志史话	卫家雄
	90	考古学史话	朱乃诚
	91	物理学史话	王　冰
	92	地图史话	朱玲玲

系列名	序号	书名	作者	
文学艺术系列（8种）	93	书法史话	朱守道	
	94	绘画史话	李福顺	
	95	诗歌史话	陶文鹏	
	96	散文史话	郑永晓	
	97	音韵史话	张惠英	
	98	戏曲史话	王卫民	
	99	小说史话	周中明	吴家荣
	100	杂技史话	崔乐泉	
社会风俗系列（13种）	101	宗族史话	冯尔康	阎爱民
	102	家庭史话	张国刚	
	103	婚姻史话	张涛	项永琴
	104	礼俗史话	王贵民	
	105	节俗史话	韩养民	郭兴文
	106	饮食史话	王仁湘	
	107	饮茶史话	王仁湘	杨焕新
	108	饮酒史话	袁立泽	
	109	服饰史话	赵连赏	
	110	体育史话	崔乐泉	
	111	养生史话	罗时铭	
	112	收藏史话	李雪梅	
	113	丧葬史话	张捷夫	

系列名	序号	书名	作者	
近代政治史系列（28种）	114	鸦片战争史话	朱谐汉	
	115	太平天国史话	张远鹏	
	116	洋务运动史话	丁贤俊	
	117	甲午战争史话	寇 伟	
	118	戊戌维新运动史话	刘悦斌	
	119	义和团史话	卞修跃	
	120	辛亥革命史话	张海鹏	邓红洲
	121	五四运动史话	常丕军	
	122	北洋政府史话	潘 荣	魏又行
	123	国民政府史话	郑则民	
	124	十年内战史话	贾 维	
	125	中华苏维埃史话	杨丽琼	刘 强
	126	西安事变史话	李义彬	
	127	抗日战争史话	荣维木	
	128	陕甘宁边区政府史话	刘东社	刘全娥
	129	解放战争史话	朱宗震	汪朝光
	130	革命根据地史话	马洪武	王明生
	131	中国人民解放军史话	荣维木	
	132	宪政史话	徐辉琪	付建成
	133	工人运动史话	唐玉良	高爱娣
	134	农民运动史话	方之光	龚 云
	135	青年运动史话	郭贵儒	
	136	妇女运动史话	刘 红	刘光永
	137	土地改革史话	董志凯	陈廷煊
	138	买办史话	潘君祥	顾柏荣
	139	四大家族史话	江绍贞	
	140	汪伪政权史话	闻少华	
	141	伪满洲国史话	齐福霖	

系列名	序号	书名	作者
近代经济生活系列（17种）	142	人口史话	姜涛
	143	禁烟史话	王宏斌
	144	海关史话	陈霞飞 蔡渭洲
	145	铁路史话	龚云
	146	矿业史话	纪辛
	147	航运史话	张后铨
	148	邮政史话	修晓波
	149	金融史话	陈争平
	150	通货膨胀史话	郑起东
	151	外债史话	陈争平
	152	商会史话	虞和平
	153	农业改进史话	章楷
	154	民族工业发展史话	徐建生
	155	灾荒史话	刘仰东 夏明方
	156	流民史话	池子华
	157	秘密社会史话	刘才赋
	158	旗人史话	刘小萌
近代中外关系系列（13种）	159	西洋器物传入中国史话	隋元芬
	160	中外不平等条约史话	李育民
	161	开埠史话	杜语
	162	教案史话	夏春涛
	163	中英关系史话	孙庆

系列名	序号	书名	作者	
近代中外关系系列（13种）	164	中法关系史话	葛夫平	
	165	中德关系史话	杜继东	
	166	中日关系史话	王建朗	
	167	中美关系史话	陶文钊	
	168	中俄关系史话	薛衔天	
	169	中苏关系史话	黄纪莲	
	170	华侨史话	陈民	任贵祥
	171	华工史话	董丛林	
近代精神文化系列（18种）	172	政治思想史话	朱志敏	
	173	伦理道德史话	马勇	
	174	启蒙思潮史话	彭平一	
	175	三民主义史话	贺渊	
	176	社会主义思潮史话	张武	张艳国 喻承久
	177	无政府主义思潮史话	汤庭芬	
	178	教育史话	朱从兵	
	179	大学史话	金以林	
	180	留学史话	刘志强	张学继
	181	法制史话	李力	
	182	报刊史话	李仲明	
	183	出版史话	刘俐娜	
	184	科学技术史话	姜超	

系列名	序号	书名	作者
近代精神文化系列（18种）	185	翻译史话	王晓丹
	186	美术史话	龚产兴
	187	音乐史话	梁茂春
	188	电影史话	孙立峰
	189	话剧史话	梁淑安
近代区域文化系列（11种）	190	北京史话	果鸿孝
	191	上海史话	马学强　宋钻友
	192	天津史话	罗澍伟
	193	广州史话	张苹　张磊
	194	武汉史话	皮明庥　郑自来
	195	重庆史话	隗瀛涛　沈松平
	196	新疆史话	王建民
	197	西藏史话	徐志民
	198	香港史话	刘蜀永
	199	澳门史话	邓开颂　陆晓敏　杨仁飞
	200	台湾史话	程朝云

《中国史话》主要编辑出版发行人

总 策 划 谢寿光　王　正
执行策划 杨　群　徐思彦　宋月华
　　　　　　梁艳玲　刘晖春　张国春
统　 筹 黄　丹　宋淑洁
设计总监 孙元明
市场推广 蔡继辉　刘德顺　李丽丽
责任印制 岳　阳